Bernd Kozel

Professionelle Pflege bei Suizidalität

Psychiatrie Verlag

Bernd Kozel, Master of Science in Nursing (MScN), Diplom-Pflegewirt (FH), arbeitet in der Abteilung für Forschung und Entwicklung der Universitätsklinik für Psychiatrie und Psychotherapie an den Universitären Psychiatrischen Diensten (UPD) Bern. Zu seinen Arbeitsschwerpunkten gehören die Pflege von suizidalen Menschen und die Weiterentwicklung des Pflegeprozesses.

better care

Bernd Kozel

Professionelle Pflege bei Suizidalität

Bernd Kozel
Professionelle Pflege bei Suizidalität

1. Auflage 2015
better care 2
ISBN Print 3-88414-578-4
ISBN PDF 3-88414-861-7

Die Reihe »better care« wird herausgegeben von
Manuela Grieser, Studienleiterin des Fachbereichs Gesundheit an der Berner Fachhochschule,
Prof. Dr. Michael Schulz, Inhaber des Lehrstuhls für Psychiatrische Pflege an der Fachhochschule der Diakonie in Bielefeld,
Gianfranco Zuaboni, Pflegewissenschaftler und Leiter der Abteilung Pflegeentwicklung im Sanatorium Kilchberg, Zürich.

Weitere Bücher zum Umgang mit psychischen Erkrankungen unter: www.psychiatrie-verlag.de.

Bibliografische Information der Deutschen Nationalbibliothek
Die Deutsche Nationalbibliothek verzeichnet diese Publikation in der Deutschen Nationalbibliografie; detaillierte bibliografische Daten sind im Internet über http://dnb.ddb.de abrufbar.

Lektorat: Karin Koch, Köln
Umschlagkonzeption und -gestaltung: GRAFIKSCHMITZ, Köln, unter Verwendung eines Fotos von DancehallCaballero / photocase.com
Typografiekonzeption und Satz: Iga Bielejec, Nierstein
Druck und Bindung: Himmer AG, Augsburg

FSC
www.fsc.org
MIX
Papier aus verantwortungsvollen Quellen
FSC® C095359

Downloadmaterialien

Einschätzungsinstrumente

- NGASR-Skala
- Anleitung für die Nutzung der NGASR-Skala
- Suicide Status Form (SSF) II
- Merkblatt zum SSF II
- Suicidal Patient Observation Chart (SPOC)
- Kurzanleitung zum SPOC

Arbeitshilfen

- Checkliste für ein strukturiertes Gespräch über Suizidalität (und dessen Dokumentation)
- Validierend kommunizieren
- Richtlinie für den Umgang mit suizidalen Menschen der Aeschi-Arbeitsgruppe
- Anleitung zur Durchführung eines narrativen Interviews
- Das BELLA-Kriseninterventionskonzept
- Empfehlungen für den Umgang mit Nonsuizid-Verträgen
- Sicherheitsplan

Lernhilfen

- Assessment: Übersicht der Instrumente zur Einschätzung der Suizidgefährdung
- Übersicht der Interventionen zur Suizidprävention

⤓ signalisiert die Downloadmöglichkeit von Materialien
Alle Downloadmaterialien finden Sie unter:
http://www.psychiatrie-verlag.de/buecher/detail/book-detail/professionelle-pflege-bei-suizidalitaet.html

Vorwort: »Den Weg im Dunkeln finden«

Die Suizidologie, ein eigenständiger Forschungszweig, der sich mit der Untersuchung des Suizids und mit suizidalen Menschen befasst, unterliegt einer relativ rasanten wissenschaftlichen Entwicklung. Der Beginn der offiziellen Untersuchung des Suizids wird meist mit Professor Ed Shneidmans wegweisender Arbeit und seiner Ernennung zum Direktor des Zentrums für Suizidprävention in Los Angeles im Jahr 1958 in Verbindung gebracht. Erste Beiträge erschienen jedoch bereits früher, so Durkheims bedeutende Studie »Le Suicide« von 1897.

Zwar haben Pflegefachpersonen von allen an der psychiatrischen Versorgung beteiligten Disziplinen und Berufsgruppen den engsten Kontakt zu den Patienten, sie sind aber kaum wissenschaftlich tätig und können daher in der Pflege von suizidalen Menschen nur sehr beschränkt auf Pflegetheorien zurückgreifen.

Aus diesem Grund freut es mich besonders, das Vorwort zu dem vorliegenden, dringend benötigten Buch verfassen zu dürfen. Bernd Kozel hat das erste pflegefokussierte Fachbuch in deutscher Sprache vorgelegt, das sich mit der Pflege von suizidalen Menschen befasst. Sein Beitrag, der daher als »Meilenstein« gelten kann, weist eine Reihe von bedeutenden Eigenschaften auf:

Was in der Suizidologie und Literatur zur psychischen Gesundheit fehlt, sind Texte, die sich auf die tägliche, stündliche und minütliche Pflege von suizidalen Menschen beziehen und Pflegeinterventionen vorstellen, hinterfragen und entwickeln (Cutcliffe & Stevenson 2007; Cutcliffe & Santos 2012). Tatsächlich stellt der Text, den ich 2007 mit Professor Chris Stevenson verfasste, den ersten Versuch dar, eine empirisch begründete Theorie zur Pflege von suizidalen Menschen zu erarbeiten und anderen zur Verfügung zu stellen (und hoffentlich voranzutreiben). Da dieser erste Beitrag in englischer Sprache verfasst wurde, ist der theoriebasierte Entwurf von Bernd Kozel zur psychiatrischen Pflege von suizidalen Menschen schon deshalb wertvoll, weil nun auch der deutschsprachige Raum mit einbezogen wird.

Der zweite Punkt betrifft die evidenzbasierte Praxis. Wie selbst eine wenig tiefgründige Recherche der aktuellen und relevanten Literatur zeigt, so ist die psychiatrische Pflege ein Gebiet, das sich der evidenzbasierten Praxis verschrieben hat. Es mag daher überraschen, dass sich gemäß verschiedenen Studien und Quellen nur schätzungsweise 15–50 % der psychiatrischen Pflegeinterventionen tatsächlich auf eine solide Evidenz berufen können.

So betont Cooper (2003), »obwohl die evidenzbasierte Pflege als rationale Basis für die psychiatrische Gesundheitsplanung in Großbritannien postuliert wird, [sind] ihre Beiträge zur Beurteilung von Pflegeleistungen bemerkenswert bescheiden [...]. Nur 10 % der klinischen Studien und Meta-Analysen untersuchen die Effektivität der Pflege, und viele Reviews erwiesen sich als nicht eindeutig.«

Das United States Department of Health and Human Services (2014) konstatiert, dass sich weniger als 50 % der gegenwärtigen Pflegehandlungen auf eine solide Evidenz berufen können. Andere einflussreichen Gruppen präsentieren noch beunruhigendere Befunde: So zeigt beispielsweise eine Studie der Nationalen Allianz für Psychische Erkrankungen (2009), dass lediglich 15 US-amerikanische Staaten in der Lage sind, angemessene und umfangreiche Informationen zur Verbreitung der evidenzbasierten Praxis vorzulegen.

Nach Maris u.a. (2000) sind wissenschaftliche Untersuchungen zur Effektivität der Pflege von suizidalen Menschen schwierig und wurden selten gemacht. Historisch gesehen war die Pflege von suizidalen Menschen kein Praxisgebiet, das mit Autorität oder Glaubwürdigkeit behaupten konnte, sich auf solide, verlässliche evidenzbasierte Handlungsempfehlungen stützen zu können. Vielmehr mussten psychiatrische Pflegefachpersonen in ihrer hervorgehobenen Position als 24-Stunden-Betreuung von suizidalen Menschen sozusagen »ihren Weg im Dunkeln finden« – ein Zustand, der die evidenzbasierte Praxis, die in Bernd Kozels Fachbuch dargestellt und erklärt wird, dringend erforderlich macht.

Zu guter Letzt stellt Bernd Kozels Buch ein schönes Beispiel für die internationale translationale Forschung dar. Die unterschiedlichen Definitionen, die für den Begriff der translationalen Forschung existieren, beschreiben im Wesentlichen einen Korpus von wissenschaftlichen Arbeiten, die darauf abzielen, die Ergebnisse der Grundlagenforschung für die praktische Anwendung nutzbar zu machen, indem sie diese in

Empfehlungen zur Verbesserung von Prozessen und Ergebnissen der klinischen Praxis übersetzen.

Schon seit Langem schlägt sich das Gesundheitswesen mit der Frage herum, wie Wissen aus den Grundlagenwissenschaften in der Praxis angewendet werden kann. Dies ist zumindest teilweise auch auf ein Schubladendenken in den Wissenschaften zurückzuführen. So betont beispielsweise das Zentrum für Klinische und Translationale Wissenschaft (2014), dass Wissenschaftler generell nicht dafür ausgebildet sind, die Praxisanwendung ihrer Studien sicherzustellen, während Kliniker vielfach nicht mit der Formulierung von Forschungsstudien auf der Grundlage von klinischen Beobachtungen vertraut sind. Eine nahtlose Übersetzung erfordert daher mit wachsendem Wissensstand und komplizierteren Forschungsansätzen auch neue Herangehensweisen an grundlegende Gesundheitsproblematiken (http://ccts.uth.tmc.edu/what-is-translational-research).

Eine dieser neuen Herangehensweisen bezieht sich auf die Übersetzung von national erworbenen und klinisch bedeutsamen Ergebnissen aus der Praxis. Die Ergebnisse, die in einem Land gewonnen wurden, können auch eine wichtige Bedeutung, Anwendbarkeit und Nützlichkeit in einem anderen Land entfalten. Wie zuvor betont, befürwortet die Internationale Assoziation für Suizid solche Aktivitäten, und es wurden wiederholt größere internationale Forschungsanstrengungen in Bezug auf das Thema Suizid gefordert. So argumentiert beispielsweise die Nationale Akademie der Wissenschaften (2002) für eine »Erweiterung des zunehmend multidisziplinären Forschungsaufwandes in internationalen Bereichen, in denen kulturelle Unterschiede groß sind und sich neue Informationen ergeben könnten.«

Bernd Kozel hat sich in seinem Buch an den empirischen Ergebnissen aus verschiedenen Ländern orientiert und diese auf die klinische Praxis der Pflege von suizidalen Menschen im deutschsprachigen Raum übersetzt und angewendet. Sein Buch stellt daher einen wegweisenden und überzeugenden Beitrag zur internationalen translationalen Forschung der Suizidologie dar.

Alles in allem ist das vorliegende Buch eine sehr willkommene und dringend benötigte Ergänzung zur begrenzten Literatur über die Pflege von suizidalen Menschen. Es ist ein evidenzbasiertes Fachbuch sowie ein ausgezeichnetes und seltenes Beispiel der internationalen translationalen Forschung. Das Buch ist verständlich geschrieben und voller Anregungen; ich möchte es allen Pflegefachpersonen, die mit suizidalen Menschen arbeiten, dringend zur Lektüre empfehlen. Die Zeit ist sinnvoll investiert!

Prof. Dr. John Cutcliffe
Außerordentlicher Professor für Psychiatrische Gesundheits- und Krankenpflege der Universitäten Ottawa (Kanada), Coimbra (Portugal) und Malta

Einführung: Der suizidale Mensch

*»Der Tod kann nur das Aufhören aller Schmerzen sein.
Der Tod bedeutet Freisein von allem;
vor allem von mir selbst.«*
Thomas Bernhard

Der 26-jährige Andrew Kurtz schrieb in einer Internet-Newsgroup vor seinem Suizid: »Ich bin sicher, dass die Leute sehr überrascht sein werden, wenn sie nächste Woche von meinem Tod erfahren [...]. Aber sie müssen nicht mein Leben leben und haben daher überhaupt keine Ahnung von dem Schmerz, der mich jeden Tag quält [...]. Ich kann einfach nicht mehr weiterleben, nur um des Lebens willen. Da muss doch mehr sein. Ein Leben muss doch irgendeinen Wert haben[...]. Selbst wenn es eine Hölle gibt und ich dort hinkomme, mein Leben ist längst zur Hölle auf Erden geworden und einfach unerträglich[...]. Was auch immer passiert, ich hoffe, dass Gott mir vergeben kann und versteht, dass ich an einem solchen Punkt ständigen Schmerzes und Verwirrung angelangt bin, dass das Leben einfach unerträglich ist« (Willemsen 2007, S. 196).

Suizidale Menschen befinden sich meist in einer Krise, in der sie Verzweiflung, Hoffnungslosigkeit, Selbsthass und andere schmerzhafte Gefühle erleben, die sie keinen Ausweg in ihrer Situation mehr erkennen lassen. Diese Krise kann sich so zuspitzen, dass wie bei Andrew Kurtz das Leben unerträglich ist und der Suizid als einzige Lösung, um nicht zu sagen »Erlösung«, erscheint.

Der bekannte Suizidforscher Edwin Shneidman (1993) sieht im psychischen Schmerz oder im sogenannten Seelenschmerz die unmittelbare Ursache eines Suizids. Seelische Schmerzen zeigen sich durch ein Gefühl der Zerrissenheit und der »Verwundung« des Selbst (Bolger 1999). Das Nicht-Ertragen-Können des Seelenschmerzes ist dabei der maßgebliche Faktor, der letztlich zur suizidalen Handlung führt. Das bedeutet, dass nicht die Stärke des Seelenschmerzes ausschlaggebend ist, sondern die individuelle Fähigkeit eines Menschen, seelische Schmerzen zu ertragen (Shneidman 1993).

Wenn ein Mensch seelische Schmerzen nicht mehr aushalten kann, dann beruht dies nach Orbach (2012) auf drei typischen Mechanismen:

- das Gefühl eines »Zuviel« an seelischem Schmerz (»Der Schmerz überwältigt mich«);
- die Unfähigkeit, den seelischen Schmerz unter Kontrolle zu bringen (»Das ist die Grenze dessen, was ich ertrage«);
- Die Unfähigkeit, den seelischen Schmerz zu verarbeiten (»Ich weiß nicht, was ich tun kann, um diesen Schmerz loszuwerden«).

In dieser Situation bleibt dann oft nur noch die Flucht vor dem eigenen als unerträglich erlebten Selbst (Baumeister 1990). Der Suizid kann somit als eine zielorientierte Handlung betrachtet werden, die ein unerträgliches Erleben von seelischem Schmerz oder unerträglichen Gedanken »beenden« will (Michel & Valach 1997).

So betrachtet ist der Suizid die letzte Möglichkeit eines Menschen, seine nicht mehr aushaltbaren seelischen Schmerzen abzuwehren. Der Suizid ist eine »Lösung«, um unerträgliche Gedanken und seelische Schmerzen kurzfristig zu beenden, allerdings auch eine endgültige, nicht mehr korrigierbare. Deshalb ist die Begleitung von suizidalen Menschen eine sehr anspruchsvolle und verantwortungsvolle Aufgabe.

Pflegepersonen verbringen von allen Berufsgruppen in der Psychiatrie die meiste Zeit mit den Patienten. Diese Nähe kann emotional belastend sein, ist aber auch eine große Chance, um Menschen wie Andrew Kurtz professionell unterstützen zu können.

Was aber bedeutet es konkret, einen Menschen, der an Seelenschmerzen leidet, »professionell« zu unterstützen? Wie sollte diese Begegnung von der Pflegeperson gestaltet werden? Was sind die zentralen und wichtigsten Elemente, die das Arbeitsbündnis zwischen der Pflegeperson und dem suizidalen Menschen ausmachen? Wie sieht die Zusammenarbeit mit den anderen Berufsgruppen dabei aus? Mögliche Antworten auf diese Fragen versucht das vorliegende, am Pflegeprozess orientierte Buch zu geben.

Auch wenn es letztlich nicht möglich ist, jede Patientin und jeden Patienten vor dem Suizid zu bewahren, gibt es fachlich gesichertes Wissen, das Patienten oft auch helfen kann, das Leben wieder erträglich und lebenswert zu gestalten.

Annäherung in Begriffen

Dieses Buch möchte ich mit einer Vorstellung der gängigen Fachbegriffe beginnen. Begrifflichkeiten und Definitionen dürfen nicht vernachlässigt werden, weil eine eindeutige, einheitliche und für jede Gesundheitsfachperson verständliche Kommunikation über das Phänomen Suizidalität wichtig ist. Dies ist sowohl ethisch als auch rechtlich und fachlich relevant, weil damit in der Praxis eventuell Entscheidungen über Ausgangsbeschränkungen, engmaschige Überwachungen oder Verlegungen verbunden sein können. Beispielsweise macht es einen erheblichen Unterschied, ob von Suizidgedanken oder konkreten Suizidabsichten gesprochen wird.

Außerdem spielt die richtige Verwendung von Fachbegriffen eine Rolle bei der Dokumentation der Behandlung. Hier sollten missverständliche, problematische oder nicht zeitgemäße Begrifflichkeiten vermieden und die klinischen Phänomene korrekt bezeichnet werden.

Wolfersdorf und Etzersdorfer (2011) haben allgemein anerkannte Definitionen für Suizid, Suizidversuch und Suizidalität im deutschen Sprachraum eingeführt. Danach sind Suizide und Suizidversuche vor allem durch einen ausgeprägten Todeswunsch gekennzeichnet. Das ist ein wichtiger Unterschied zu selbstverletzenden Handlungen, die häufig ausgeführt werden, um negative Gefühle zu reduzieren (Petermann & Nitkowski 2008).

Die Definition des Begriffs Suizidversuch ist grundsätzlich nicht einfach, weil das Phänomen in all seinen Facetten kaum zu beschreiben ist. Klinisch orientierte Definitionen des Suizidversuchs betonen häufig die Ernsthaftigkeit und die hohe Motivation der suizidalen Person.

Wolfersdorf und Etzersdorfer unterscheiden zwischen dem Suizidversuch mit deutlichem Todeswunsch und einem Suizidversuch, der das Ziel verfolgt, unter dem Einsatz des eigenen Lebens eine Veränderung herbeizuführen (2011, S. 29). Suizidversuche, bei denen die Veränderung von Lebenssituationen oder Appelle an nahestehende Personen im Vordergrund stehen, werden auch als »parasuizidale Pause« oder »parasuizidale Geste« bezeichnet (Feuerlein 1971); damit wird das Bedürfnis nach Ruhe herausgestellt.

Definitionen für Suizid, Suizidversuch und Suizidalität

Suizid ist eine selbst herbeigeführte bzw. veranlasste selbstschädigende Handlung, die den eigenen Tod zum Ziel hat (ausgeprägter Todeswunsch). Die Handlung erfolgt in dem Wissen, mit der Erwartung oder in dem Glauben, mit der angewandten Methode das Ziel zu erreichen. Am Ende der Handlung steht der Tod der handelnden Person.
Suizidversuch ist eine selbst herbeigeführte bzw. veranlasste selbstschädigende Handlung, die entweder den eigenen Tod zum Ziel hat (Todeswunsch), oder unter Einsatz des eigenen Lebens (Versterbensrisiko) etwas verändern will. In beiden Fällen erfolgt der Suizidversuch in der Erwartung, mit der angewandten Methode das Ziel zu erreichen. Am Ende der Handlung steht das Überleben der handelnden Person.
Suizidalität ist die Summe aller Denk- und Verhaltensweisen von Menschen oder Gruppen von Menschen, die in Gedanken, durch aktives Handeln, Handelnlassen oder passives Unterlassen den eigenen Tod anstreben bzw. als möglichen Ausgang einer Handlung in Kauf nehmen.
(nach Wolfersdorf & Etzersdorfer 2011, S. 26 ff.)

Selbstmord und Freitod sind bekannte Synonyme für Suizid, die heute nicht mehr verwendet werden sollten. Gerade der Begriff »Freitod« ist problematisch, weil er eine Form von Freiheit und Wahlmöglichkeit suggeriert, die es so kaum gibt. Suizidale Krisen sind vielmehr gekennzeichnet durch einen Ausnahmezustand, in dem Betroffene keinen Ausweg sehen, keine rationalen Entscheidungen treffen können und subjektiv Not und Leid erleben (Wolfersdorf & Etzersdorfer 2011; Gysin-Maillart & Michel 2013).
Wolfersdorf und Etzersdorfer definieren akute Suizidalität als einen erhöhten, durch Äußerungen oder Handlungen erkennbaren (oder nicht erkennbaren) Todeswunsch mit hohem Handlungsdruck (2011, S. 35).
Davon ist die sogenannte Basissuizidalität abzugrenzen, die ein »abstraktes«, nicht per se akutes, sondern langfristiges Suizidrisiko darstellt, wenn mit der Zeit wichtige Risikofaktoren für Suizid zusammenkommen (Ebner & Lehle 2005; Wolfersdorf 2008).
Unter chronischer Suizidalität wird das gehäufte Auftreten von Suizidideen, Suizidgedanken und Suizidversuchen in kurzen Zeiträumen ver-

standen. Da der Begriff nicht verbindlich definiert und unpräzise ist, sollte auf ihn in der klinischen Praxis verzichtet werden (WOLFERSDORF 2008). Das Gleiche gilt für die Bezeichnung »latent« suizidal.

Abbildung 1 **Beschreibung von Suizidalität**
(nach WOLFERSDORF & ETZERSDORFER 2011, S. 28; JACOB u. a. 2009, S. 104)

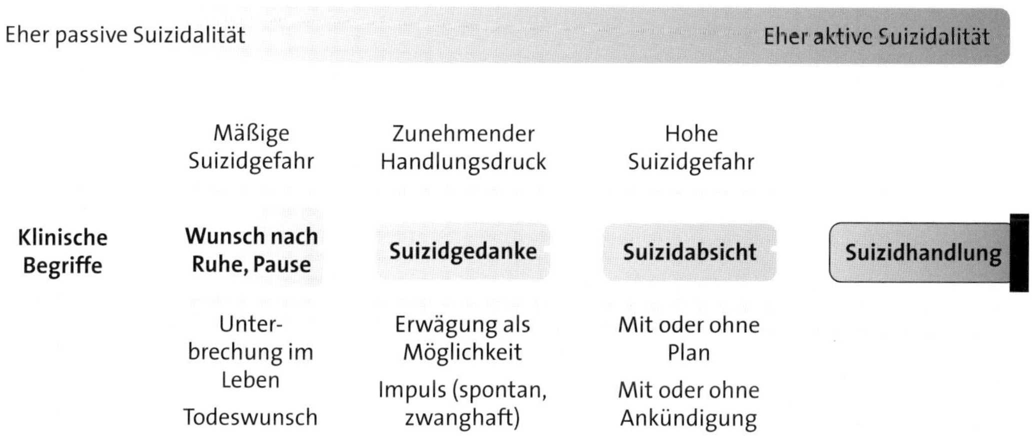

Die klinische Beschreibung von Suizidalität, wie sie in Abbildung 1 dargestellt ist, kann bei der Beurteilung der Suizidgefährdung im Gespräch und zur Dokumentation der Risikobeurteilung helfen. Die dargestellten Begrifflichkeiten werden sehr häufig in der klinischen Praxis verwendet.

In Anbetracht des abgebildeten Kontinuitätsmodells von Suizidalität sind Ruhe- und Todeswünsche (»Eigentlich wäre es besser, wenn ich tot wäre«) eher als eine Form von passiver Suizidalität zu verstehen. Es wird hier von einer mäßigen Suizidgefahr ausgegangen, weil die betreffende Person sich für einen gewissen Zeitraum aus ihren aktuellen Lebensumständen »herausnehmen« will. Das Ziel ist nicht unbedingt, sich das Leben zu nehmen.

Ein zunehmender Handlungsdruck und somit auch ein zunehmendes Risiko für eine suizidale Handlung besteht beim Vorliegen von Suizidgedanken (»Ich könnte zur Brücke gehen und mich hinunterstürzen«).

Suizidgedanken beinhalten bereits das gedachte Ziel, tot zu sein, und eine gewisse Bereitschaft, dies auch anzustreben. Dadurch unterscheiden sie sich von Ruhe- und Todeswünschen.
Suizidabsichten (»Ich werde jetzt zur Brücke gehen, mit dem Bus bin ich schnell dort, vorher werde ich noch meinen Abschiedsbrief versenden«) mit oder ohne Suizidplan sind schon viel näher an der konkreten Suizidhandlung, es besteht eine hohe Motivation beziehungsweise ein starker Druck oder Impuls, die Gedanken in die Tat umzusetzen. Hier muss von einer hohen Suizidgefährdung ausgegangen werden. Bei einer Suizidhandlung wird dann von aktiver Suizidalität gesprochen.

Die Begriffe Selbstmord und Freitod sollten nicht verwendet werden, besser ist der wertfreie Begriff Suizid. Entsprechend ist den Begriffen chronische und latente Suizidalität eine Beschreibung der Situation des suizidalen Menschen vorzuziehen.

Annäherung in Zahlen

Suizide und Suizidversuche gehören weltweit zu den größten Herausforderungen für das Gesundheitssystem. In jedem Jahr sterben ungefähr eine Million Menschen an einem Suizid, das entspricht einer globalen Suizidrate von 16 pro 100.000 Einwohner der Weltbevölkerung (WHO 2011a).
Besonders hohe Suizidraten sind im asiatischen Raum und im nordöstlichen Europa zu beobachten. In Japan, Hongkong und Südkorea lagen die Suizidraten im Jahr 2004 beispielsweise zwischen 18 und 24 pro 100.000 Einwohner (De Leo u. a. 2009). Im nordöstlichen Europa (in den Ländern Finnland, Ukraine, Lettland und Litauen) wurden im Jahr 2009 Suizidraten zwischen 19 und 34 pro 100.000 Einwohner festgestellt (WHO 2011a).
Betrachtet man die deutschsprachigen Länder, dann fällt auf, dass die Schweiz eine für Europa vergleichsweise hohe Suizidrate hat, und das nicht nur, weil es mit EXIT einen Verein gibt, der sich für assistierte Suizide einsetzt und diese auch bei Nicht-Schweizern leistet. Im Jahr 2007 betrug die Suizidrate in der Schweiz 18 pro 100.000 Einwohner (WHO 2011b), in Österreich lag die Suizidrate im Jahr 2010 bei 15,1 pro

100.000 Einwohner (KAPUSTA 2011) und in Deutschland lag sie im selben Jahr bei 12,3 pro 100.000 Einwohner (Statistisches Bundesamt 2011).

In Deutschland gehört der Suizid in der Altersgruppe der 15–45-Jährigen mit zu den drei häufigsten Todesursachen (Statistisches Bundesamt 2013). Damit kommt der Suizid als Todesursache in dieser Altersgruppe häufiger vor als Unfälle im Straßenverkehr (siehe Tabelle 1).

Suizide kommen bei Männern in den europäischen Ländern zwischen zwei- und achtmal häufiger vor als bei Frauen (WHO 2011b); mit dem Alter steigen die Suizidraten stark an (SCHMIDTKE u.a. 2008). Männer, die älter als sechzig Jahre sind, gehören zu der Bevölkerungsgruppe mit dem höchsten Suizidrisiko.

Tabelle 1 **Todesursachen der Altersgruppe 15–45 Jahre in Deutschland 2012** (Statistisches Bundesamt 2013)

Todesursache (2012)	Männer (15–45)	Frauen (15–45)
Bösartige Tumorneubildungen	1887	2170
Suizid	2057	583
Kreislauferkrankungen	1624	697
Unfälle	1993	541
Lebererkrankungen durch Alkohol	497	171
Infektionen	272	120
Erkrankungen der Atemwege	242	135
Diabetes mellitus	138	54

Die Suizidraten in psychiatrischen Kliniken sind wesentlich höher. BOWERS u.a. (2008) fassen in ihrer Literaturübersicht die publizierten Suizidraten in psychiatrischen Kliniken aus 17 verschiedenen Ländern zusammen (unter anderem Australien, Finnland, Deutschland, Schweiz, England und USA). In den Jahren 1970 bis 2004 lagen die Suizidraten in den psychiatrischen Kliniken zwischen 40 und 566 Suiziden pro 100.000 Aufnahmen.

In einer auf dem dänischen Zentralregister für Psychiatrie beruhenden Untersuchung wurden für den Zeitraum von 1997 bis 2006 durchschnittliche Suizidraten von 86 pro 100.000 Aufnahmen für alle psychiatrischen Kliniken in Dänemark berechnet (MADSEN u.a. 2012). Für

psychiatrische Kliniken in Deutschland sind vor allem Zahlen aus bayerischen Einrichtungen publiziert worden. Zwischen 1980 und 1999 wurde beispielsweise eine durchschnittliche Suizidrate von 187 pro 100.000 Aufnahmen in zehn psychiatrischen Kliniken in Bayern festgestellt (WOLFERSDORF u.a. 2003).
Eine Studie aus der Schweiz weist für alle psychiatrischen Einrichtungen des Kantons Zürich im Zeitraum von 1992 bis 2004 eine durchschnittliche Suizidrate von 161 Suiziden pro 100.000 Aufnahmen aus (AJDACIC-GROSS u.a. 2009).

Tabelle 2 **Suizidraten in psychiatrischen Kliniken**

Land	Zeitraum	Durchschnittliche Suizidrate pro 100.000 Aufnahmen
17 verschiedene Länder (BOWERS u.a. 2008)	1970–2004	40-566
Dänemark (MADSEN u.a. 2012)	1997–2006	86
Deutschland (Bayern) (WOLFERSDORF u.a. 2003)	1980–1999	187
Schweiz (Kanton Zürich) (AJDACIC-GROSS u.a. 2009)	1992–2004	161

Allerdings ereignen sich die meisten Suizide nicht auf den Stationen psychiatrischer Einrichtungen, sondern außerhalb der Klinik, zum Beispiel während des regulären Ausgangs oder während des Wochenendurlaubs (AJDACIC-GROSS u.a. 2009; HÜBNER-LIEBERMANN u.a. 2001). Dabei stellen die erste Woche nach einer Klinikaufnahme und die erste Woche nach einer Entlassung einen kritischen Zeitraum dar, in dem sich die meisten Suizide ereignen (QUIN & NORDENTOFT 2005).
Suizidversuche sind im Gegensatz zu Suiziden wesentlich schwerer zu erfassen, vermutlich gibt es eine relativ hohe Dunkelziffer. Suizidversuche kommen um einiges häufiger vor als Suizide. Eine Studie der WHO in 24 europäischen Ländern ergab für die Region Bern in den Jahren 2004 bis 2010 eine Suizidversuchsrate von 94–127 pro 100.000 Einwohner (STEFFEN u.a. 2011). Suizidversuche werden häufiger von Frauen als von Männern durchgeführt und betreffen hauptsächlich die Altersgruppe von zwanzig bis dreißig Jahren (STEFFEN u.a. 2011; MUHEIM u.a. 2013).

Mit zu den wichtigsten Risikofaktoren für Suizid und Suizidversuch gehört die Diagnose einer psychischen Erkrankung (ARSENAULT-LAPIERRE u.a. 2004; CAVANAGH u.a. 2003; HARRIS & BARRACLOUGH 1997). Suizide treten bei Menschen mit einer psychischen Erkrankung etwa sechsmal häufiger auf als bei Menschen, die keine psychische Erkrankung haben (NORDENTOFT u.a. 2011). BAXTER & APPLEBY (1999) fanden sogar ein zehnfach erhöhtes Risiko für Suizid bei Menschen mit einer psychischen Erkrankung.
Das Suizidrisiko von Menschen mit einer psychischen Erkrankung ist nach CHEHIL & KUTCHER (2013, S. 41) zusätzlich erhöht, wenn folgende Umstände hinzukommen:

- soziale Isolation,
- Verlust von Rolle (z.B. Ehemann, Vater) und Status (Arbeitsplatz, Vermögen),
- Verlust von zuvor erworbenen Fertigkeiten,
- Bewusstsein von bleibenden Defiziten,
- Substanzabhängigkeit oder -missbrauch,
- geringe Fähigkeiten, Probleme zu lösen (kognitive Defizite),
- depressive Symptome.

Der enge Zusammenhang von Suizid und psychischer Erkrankung ist Grund dafür, dass alle psychiatrischen Pflegefachpersonen um die Möglichkeiten der Suizidprävention wissen müssen.

Die Suizidraten psychisch erkrankter Menschen sind wesentlich höher als in der Allgemeinbevölkerung. Die meisten Suizide ereignen sich dabei außerhalb psychiatrischer Kliniken. Kritische Situationen, die der besonderen Aufmerksamkeit der Pflegepersonen bedürfen, sind Ausgang, Wochenendurlaub und die erste Zeit nach der Entlassung.

Der Pflegeprozess

Ihre Nähe zur Patientin, zum Patienten, befähigt die Pflege in besonderer Weise, einen Beitrag zur Wahrnehmung und Einschätzung des Suizidrisikos zu leisten (Abderhalden u.a. 2005).

Pflegefachpersonen benötigen für die Pflege von suizidalen Menschen im Wesentlichen ein hohes Verantwortungsbewusstsein, eine patientenorientierte Haltung, individuelles Fallverstehen, Erfahrung und aktuelles Fachwissen. Kernaufgabe der Pflege von suizidalen Menschen ist die professionelle Beurteilung der Suizidgefährdung und der Aufbau einer tragfähigen therapeutischen Beziehung. Diese beiden Elemente sind die wesentliche Voraussetzung für die Krisenintervention, das Vermitteln von Krankheitsmodellen und das Entwickeln von effektiven Bewältigungsstrategien. Für alle Behandlungsschritte gibt es fundiertes Fachwissen, dessen Nutzung mit keiner Garantie für erfolgreiche Suizidprävention verbunden ist, aber doch die Sicherheit gibt, alles zu tun, was getan werden kann.

Eine pflegerische Annäherung an das Problem Suizidalität erlaubt der Pflegeprozess. Der Pflegeprozess ist ein systematischer Beziehungs- und Problemlösungsprozess (Fiechter & Meier 1980), mit dem nach Feststellung des Pflegebedarfs die pflegerischen Interventionen geplant und auf ihre Wirksamkeit überprüft werden. Bestandteile des Pflegeprozesses sind nach Abderhalden (2011a) das Pflegeassessment (Informationssammlung, Beurteilung; siehe S. 22 ff.), die Pflegediagnose (Feststellen von Pflegeproblemen und problembezogenen Ressourcen; siehe S. 21), die Zielformulierung (Festlegen angestrebter Ergebnisse bzw. Ziele; siehe S. 63 ff.), die Pflegeinterventionen (abgeleitete Maßnahmen; siehe S. 66 ff.) und die Evaluation (Überprüfung der Zielerreichung und damit der Wirksamkeit der Interventionen).

Im Zusammenhang mit der Pflege von suizidalen Menschen ist es also zunächst erforderlich, Informationen zu sammeln, um beurteilen zu können, ob die Pflegediagnose Suizidgefährdung zu stellen ist. Anschließend müssen gemeinsam mit dem suizidalen Menschen Ziele festgelegt werden, für die dann ebenfalls gemeinsam geeignete Maßnahmen zu finden sind. Mit der Evaluation wird überprüft, ob die

Maßnahmen erfolgreich waren und die gemeinsam festgelegten Ziele erreicht wurden.

Beispiel Pflegeprozess konkret

Herr Wagner erzählt im Aufnahmegespräch, dass er häufig an Suizid denken muss und dass er schon einmal einen Suizidversuch unternommen hat. Diese wichtigen Informationen werden dokumentiert (Pflegeassessment). Aufgrund dieser Informationen und eines vertieften Gesprächs wird bei ihm von einer Suizidgefährdung ausgegangen (Pflegediagnose). Mit dem Patienten wird vereinbart, dass er sich melden soll, wenn er die Suizidgedanken nicht mehr aushalten kann (Zielformulierung). Dazu wird als Maßnahme eine Abmachung mit dem Patienten getroffen, dass er in den für ihn schwierigen Situationen jederzeit Kontakt zur Bezugspflegeperson aufnehmen soll (Pflegeintervention). Innerhalb eines festgelegten Zeitraums wird überprüft, ob die getroffene Abmachung hilfreich für den Patienten war und ob er sich im Falle von Suizidgedanken wirklich gemeldet hat (Evaluation).

Pflegediagnose

Suizidalität ist keine medizinische Diagnose, sondern ein Symptom, das bei vielen psychischen Krankheiten oder während einer Lebenskrise auftreten kann. Die Suizidalität eines Patienten ist somit oft eine Folge beziehungsweise eine Begleiterscheinung einer psychischen Erkrankung, die den Alltag und die Lebensqualität der Betroffenen einschränkt.

Aus diesem Grund wird die Suizidgefährdung in der Klassifikation der NANDA (2005) und in anderen Pflegeklassifikationssystemen (Stefan u.a. 2009) als Risiko-Pflegediagnose geführt. Eine Risiko-Pflegediagnose beschreibt ein Phänomen, das unter Einwirkung bestimmter Faktoren mit hoher Wahrscheinlichkeit eintritt, wenn keine Gegenmaßnahmen getroffen werden (Stefan u.a. 2009).

Risiko-Pflegediagnose Suizidalität
(nach NANDA 2005 und STEFAN u. a. 2009)

	NANDA-Pflegediagnose	POP-Pflegediagnose
Diagnosetitel	Suizidgefahr	Suizid, Risiko
Klassifikation	Taxonomie II: Sicherheit / Schutz, Gewalt (00150, 2000)	Domäne: Alleinsein und soziale Interaktion (Pflegediagnose 60111)
Definition	Gefahr einer selbst zugefügten lebensbedrohenden Verletzung	ein Pflegephänomen, bei dem ein Mensch dem Risiko ausgesetzt ist, sich in Verbindung mit Suizidgedanken eine lebensbedrohliche Körperschädigung zuzufügen

Innerhalb des diagnostischen Prozesses geht es um die Frage, ob es eine Situation oder einen Umstand gibt, der für das Auftreten einer Suizidgefährdung spricht. Weiterhin müssen eine Risikobeurteilung vorgenommen und der Grad der Suizidgefährdung dokumentiert werden. Dazu müssen Informationen systematisch gesammelt, geprüft, geordnet, gedeutet und erklärt werden (ABDERHALDEN 2011a).

Suizidalität ist keine medizinische Diagnose, sondern ein Symptom und eine Risiko-Pflegediagnose.

Der Prozess, der zur Pflegediagnose »Suizidgefahr« führt, ist sehr eng mit dem Assessment verknüpft, das im Folgenden vorgestellt wird.

Assessment: Beurteilung der Suizidgefährdung

Die Suizidgefährdung eines Menschen ist ein Phänomen, für das es nach dem aktuellen Stand der Wissenschaft keine verlässlichen Einschätzungskriterien gibt (BRYAN & RUDD 2011; SHER 2011; Victorian Department of Health 2010). Der Grund dafür ist, dass der Suizid zwar weltweit ein ernsthaftes Problem darstellt, trotzdem aber relativ selten auch in Hochrisikopopulationen vorkommt (APA 2003; GAYNES u.a. 2004). Beispielsweise wurde in einer Studie (CROSBY u.a.

1999) festgestellt, dass in der Gesamtbevölkerung der Vereinigten Staaten von Amerika Suizidideen zu 5,6 %, Suizidpläne zu 2,7 % und Suizidversuche zu 0,7 % vorkommen. Im Vergleich dazu liegt der jährliche Anteil an Suiziden bezogen auf die Gesamtbevölkerung der Vereinigten Staaten von Amerika aber nur bei 0,011 %. Dieser Umstand macht es besonders schwer, Kriterien für Einschätzungsinstrumente zu identifizieren, die verlässlich einen bevorstehenden Suizid vorhersagen können.

Das bedeutet, dass bei der Beurteilung des Suizidrisikos berücksichtigt werden muss, dass es immer sehr viele »falsch-positive« und »falsch-negative« Fälle gibt (Bryan & Rudd 2011; Cassells u.a. 2005). Unter »falsch-positiv« versteht man die Fälle, in denen Menschen als suizidgefährdet beurteilt wurden, die nachfolgend aber keinen Suizid begangen haben. Die »falsch-negativen« Fälle sind die, bei denen Menschen, die als nicht suizidgefährdet beurteilt wurden, einen Suizid begingen (Bucher 2007, S. 125). Die Einschätzung der Suizidgefährdung ist also nur mit einer »moderaten« Sensitivität und Spezifität möglich. Die Sensitivität ist ein Maß für einen diagnostischen Test, der beispielsweise eine Suizidgefährdung richtig identifiziert; die Spezifität ist ein Maß für einen diagnostischen Test, der eine nicht vorhandene Suizidgefährdung richtig identifiziert (Altman & Bland 1994; Behrens & Langer 2010, S. 326).

Dies bedeutet nicht, dass eine Einschätzung der Suizidgefährdung grundsätzlich unmöglich ist. Es gibt eine große Anzahl von Risikofaktoren, Risikokonstellationen und Risikosituationen, die eng mit Suizidversuchen oder Suiziden in Verbindung stehen und die für ein klinisches Suizidassessment herangezogen werden können (Bryan & Rudd 2006; Rudd 2006a, b; McLean u.a. 2008). Aufgrund der beschriebenen Schwierigkeiten sollte man sich bei der Einschätzung der Suizidgefährdung aber nicht allein auf standardisierte Einschätzungsinstrumente verlassen, es muss immer auch der klinische Gesamtkontext berücksichtigt werden. Das heißt, Gespräche und Verhaltensbeobachtungen müssen unbedingt hinzukommen (Rudd 2006a; Bryan & Rudd 2011; Jobes 2006; Michel & Jobes 2010; Victorian Department of Health 2010).

Es ist nicht die Aufgabe der Professionellen, Suizide exakt vorauszusagen, sondern ein erhöhtes Suizidrisiko zu erkennen, um dann angemessen reagieren zu können. Dafür sind standardisierte Einschätzungsinstrumente, Verhaltensbeobachtungen und Gespräche mit dem Patienten oder der Patientin hilfreich.

Nach den aktuell vorliegenden klinischen Leitlinien (APA 2003; Registered Nurses' Association of Ontario 2009; Victorian Department of Health 2010) gibt es einen breiten Expertenkonsens über die beste Vorgehensweise bei der Einschätzung der Suizidgefährdung (siehe Abbildung 2). In den drei Leitlinien wird empfohlen, in einem ersten Schritt bei allen Patienten, die aufgenommen werden, ein sogenanntes Screening der Suizidgefährdung durchzuführen. Mit dem Screening sollen zunächst jene Patienten und Patientinnen identifiziert werden, bei denen eine vertiefte Einschätzung der Suizidgefährdung vorgenommen werden muss.

Die Begründung für ein Risikoscreening bei allen aufgenommenen Patienten und Patientinnen liegt in den im Vergleich zur Allgemeinbevölkerung um ein Vielfaches erhöhten Suizidraten von Menschen mit einer psychischen Erkrankung (siehe S. 17). Bei einem Risikoscreening der Suizidgefährdung werden wichtige Risikofaktoren für Suizid und Suizidversuch systematisch erfasst (siehe S. 28).

Die im Screening ermittelten »positiven Fälle« müssen dann in einem zweiten Schritt einem ausführlichen Suizidassessment (sogenanntes Fokusassessment) unterzogen werden, um die »falsch-positiven Fälle« so gut wie möglich auszuschließen (siehe Fokusassessment, S. 23, und Verhaltensbeobachtung zur Erkennung von Warnzeichen, S. 59). Das ausführliche und vertiefte Suizidassessment beruht auf Verhaltensbeobachtungen und einem Gespräch mit den Patienten und Patientinnen. Zuletzt muss die Einschätzung der Suizidgefährdung einer Patientin, eines Patienten transparent und verständlich dokumentiert werden (zum Beispiel mäßiges Risiko). Aus der Dokumentation muss hervorgehen, auf welcher Grundlage die Risikobeurteilung beruht (siehe Dokumentation, S. 59 ff.).

Abbildung 2 **Vorgehensweise bei der Einschätzung der Suizidgefährdung** (APA 2003; Registered Nurses' Association of Ontario 2009; Victorian Department of Health 2010)

1. Screening
Systematische Erfassung von Risikofaktoren für Suizidalität bei allen Patienten

2. Fokusassessment
Vertiefte Einschätzung der Suizidgefährdung in einem Gespräch

Erfassen von Faktoren, die die Person von einem Suizid abhalten

Verhalten beobachten, auf Warnzeichen achten

3. Dokumentation
Ausweisen einer Risikobeurteilung mit transparenter Begründung

In der Praxis sollte zunächst überprüft werden, ob jemand einer Personengruppe zuzurechnen ist, die besonders suizidgefährdet ist (Screening), zum Beispiel durch das systematische Erfassen von Risikofaktoren. Bei einem positiven Befund muss eine vertiefte Einschätzung der Suizidgefährdung vorgenommen werden (Fokusassessment), zum Beispiel mit einem Gespräch.

Instrumente zur Einschätzung der Suizidgefährdung

Einschätzungsinstrumente sind wichtige Hilfsmittel, die bei einer Einschätzung des Suizidrisikos zur Stellung der Risiko-Pflegediagnose »Suizidgefährdung« nicht fehlen sollten. Eine Vielzahl von Experten empfehlen die Verwendung von Einschätzungsinstrumenten zur professionellen Beurteilung des Suizidrisikos (Bryan & Rudd 2011; Ebner & Lehle 2005; Finzen 1997; Jobes 2006; Lyons u.a. 2000; Rudd 2006a).

In der Literatur werden etwa vierzig bis fünfzig standardisierte Einschätzungsinstrumente zur Beurteilung der Suizidgefährdung beschrieben und diskutiert (Brown 2000; Cochrane-Brink u.a. 2000;

McPherson 2005; Range 2005; Range & Knott 1997). Die einzelnen Instrumente unterscheiden sich erheblich voneinander. Beispielsweise gibt es Selbstbeurteilungsinstrumente wie die Suicide Status Form (SSF; Jobes u.a. 1997), die Suicidal Ideation Scale (SIS; Rudd 1989) oder das Brief Reasons for Living Inventory (Ivanoff u.a. 1994). Fremdbeurteilungsinstrumente sind unter anderem die Modified Scale for Suicide Ideation (MSSI; Miller u.a. 1986) oder die SAD Persons Scale (Patterson u.a. 1983).

Mit einem Selbstbeurteilungsinstrument nimmt der Patient selbst eine Beurteilung von Kriterien oder Fragen zur eigenen Suizidalität anhand einer mehrstufigen Antwortskala vor (zum Beispiel: Ja/Nein; stimme voll zu, stimme zu, stimme eher nicht zu, stimme gar nicht zu). Bei einem Fremdbeurteilungsinstrument macht dies eine Fachperson.

Weiterhin gibt es Instrumente, die eher auf einzelne Teilaspekte einer Suizidgefährdung fokussieren. Dazu gehören die Beck Hopelessness Scale (BHS; Beck u.a. 1974) oder die Suicide Intent Scale (SIS; Beck u.a. 1976). Die Beck Hopelessness Scale erfasst das Phänomen »Hoffnungslosigkeit«, die Suicide Intent Scale beurteilt die Suizidabsichten eines Menschen.

Es gibt Instrumente für spezielle Populationen, wie das Wiener Instrument für Suizidgefahr in Haft (VISCI; Frottier u.a. 2008) oder für Kinder das Suicide Behavior Questionnaire for Children (SBQ-C; Cotton & Range 1993).

Einige Instrumente sind für die klinische Praxis nicht geeignet, weil sie viel zu umfangreich sind. Häufig werden sie ausschließlich zu Forschungszwecken eingesetzt. Beispiele hierfür sind das Life Orientation Inventory, das 113 Fragen umfasst (Kowalchuk & King 1988) oder das 96 Fragen umfassende Life Attitudes Schedule (LAS; Lewinsohn u.a. 1996).

Eine weitere Gruppe von Instrumenten sind Checklisten, die ein globales Suizidrisiko erfassen, indem sie das Vorhandensein verschiedener wichtiger Risikofaktoren beurteilen. Entsprechende Instrumente arbeiten mit einer überschaubaren Zahl von Kriterien und lassen sich praktisch gut und schnell anwenden. Beispiele sind die schon erwähnte SAD Persons Scale (Patterson u.a. 1983), die Suicide Assessment Checklist (SAC; Rogers u.a. 2002) oder die Nurses'Global Assessment of Suicide Risk Scale (NGASR-Scale; Cutcliffe & Barker 2004).

Die meisten Instrumente zur Einschätzung der Suizidgefährdung liegen in englischer Sprache vor. Eines der wenigen deutschsprachigen Instrumente ist neben der deutschen Version der Beck Hopelessness Scale (BHS; Krampen 1994) der Fragenkatalog zur Einschätzung der Suizidalität nach Pöldinger (1968). Für die Nurses'Global Assessment of Suicide Risk Scale liegt ebenfalls eine deutsche Version vor (Kozel u.a. 2007).
Wie bereits erwähnt, sind standardisierte Einschätzungsinstrumente ein Hilfsmittel zur Einschätzung der Suizidgefährdung, sie unterstützen das systematische Erfassen wichtiger Risikofaktoren für Suizid und Suizidversuch. Sie können nicht das direkte Besprechen von und Fragen nach Suizidalität mit den Patienten ersetzen, aber sie können es sinnvoll ergänzen. Ein verantwortungsvoller und professioneller Umgang mit standardisierten Einschätzungsinstrumenten bedeutet immer auch, diese jeweils zum individuellen Fall in Beziehung zu setzen. Pflegefachpersonen müssen den Gesamtkontext des individuellen »Falles« interpretieren können und unter Umständen auch mal von standardisierten Vorgaben abweichen bzw. bereit sein, bei veränderten Umständen ihre Einschätzung zu überdenken.

Beispiel Individuelles Fallverstehen

Bei einer Patientin wurden bei Aufnahme durch die Bezugspflegeperson mit einem standardisierten Einschätzungsinstrument die Risikofaktoren »früherer Suizidversuch« und »Suizid in der Familie« erfasst. Die Auswertung der Einschätzung ergab ein »mäßiges Suizidrisiko« (für die zwei Risikofaktoren). Während des Aufnahmegesprächs kam klar zum Ausdruck, dass ein Suizid aktuell für die Patientin kein Thema war, sodass die Bezugspflegeperson nicht von einer erhöhten Suizidgefährdung ausging, wegen der Vorgeschichte aber ein mäßiges Suizidrisiko notierte.
Während des Klinikaufenthalts trennte sich jedoch vollkommen überraschend der langjährige Partner der Patientin von ihr. Die Trennung wurde ihr mit einer SMS mitgeteilt. Die Bezugspflegeperson wusste, dass bei der Patientin zwei wichtige Risikofaktoren für Suizid vorlagen und ein aktuell sehr belastendes Ereignis dazukam. Daraufhin musste die Bezugspflegeperson von einer erhöhten Suizidgefahr bei der Patientin ausgehen. Die Bezugspflegeperson suchte das Gespräch zur Patientin und sprach das Thema Suizidalität direkt an. Die Bezugspflegeperson

hat in diesem Beispiel den individuellen Fall »gelesen« und ihre Risikoeinschätzung der veränderten Lebenssituation angepasst, obwohl das Ergebnis des Einschätzungsinstruments ein »mäßiges Suizidrisiko« auswies.

Screening

Mit einem Screening wird das Ziel verfolgt, Risikopatienten für bestimmte Erkrankungen oder andere gesundheitsrelevante Phänomene (zum Beispiel Suizidrisiko, Dekubitusrisiko, Sturzrisiko) zu identifizieren.

Ein Screening ist nicht diagnostisch im eigentlichen Sinne, sondern zunächst eine relativ oberflächliche Erfassung von diagnoserelevanten Daten (WOIKE 2003). Bei einem positiven Ergebnis müssen weitere diagnostische Maßnahmen erfolgen, um eine Diagnose bestätigen oder ausschließen zu können (STIEGLITZ 2007). Ein Screening kann grundsätzlich in allen klinischen Settings (stationär, tagesklinisch, ambulant) zur Anwendung kommen.

Ein Screening-Test identifiziert Risikopatienten. Das Vorliegen oder die Häufung bestimmter Risikofaktoren bedeutet nicht, dass jemand akut suizidgefährdet ist. Das kann nur mit einer ausführlichen Diagnostik geklärt werden.

Ein Screening zur Suizidgefährdung überprüft bei allen Patienten, die in einer psychiatrischen Institution aufgenommen werden, inwieweit sie zu einer Gruppe von Menschen gehören könnten, für die ein erhöhtes Risiko für einen Suizid besteht. Mit dem Screening wird der Versuch unternommen, potenziell suizidgefährdete Personen sozusagen »herauszufiltern«.

Für ein Screening der Suizidgefährdung eignet sich in erster Linie das Erfassen von Risikofaktoren für Suizid und Suizidversuch. Anhand von Risikofaktoren können keine Suizide vorausgesagt werden (siehe S. 22 f.), sie helfen aber zu beurteilen, bei welchen Patientinnen und Patienten eine umfassende Einschätzung der Suizidgefährdung (siehe Fokusassessment, S. 38 ff.) notwendig ist.

Zwei klinische Leitlinien aus Kanada (Registered Nurses' Association of Ontario 2009) und Australien (Victorian Department of Health

2010) empfehlen die Verwendung von Checklisten und Screeninginstrumenten zur strukturierten und systematischen Erfassung von Risikofaktoren für Suizid.

Nach Wingate u.a. (2004) findet man bereits bei einer oberflächlichen Sichtung der wissenschaftlichen Literatur etwa 75 beschriebene Risikofaktoren für Suizid und Suizidversuch, die für ein Screening infrage kommen. In der klinischen Praxis ist es nicht möglich, alle Risikofaktoren zu berücksichtigen. Es kommt also vor allem darauf an, systematisch die wichtigsten Risikofaktoren bzw. spezielle Kombinationen und Häufungen von Risikofaktoren zu erkennen.

Bei der Beurteilung von Risikofaktoren sind somit drei Aspekte von Bedeutung:

- Der Fokus muss vor allem auf diejenigen Risikofaktoren gelegt werden, die den höchsten Vorhersagewert für ein Suizidrisiko haben, beispielsweise Risikofaktoren, deren Vorhandensein das Suizidrisiko exponentiell ansteigen lässt.
- Das Vorliegen spezieller Kombinationen von Risikofaktoren muss berücksichtigt werden, da dies eine besonders hohe Risikogefährdung bedeuten kann.
- Es ist wichtig, eine Häufung von Risikofaktoren für Suizid und Suizidversuch zu erkennen, da das Risiko für einen Suizid beim Vorliegen multipler Risikofaktoren etwa um das Zehnfache erhöht ist (Large u.a. 2011).

Mit einem Screening soll eine Häufung oder spezielle Kombination von wichtigen Risikofaktoren erfasst werden.

Die wichtigsten Risikofaktoren

Früherer Suizidversuch → Der mit Abstand wichtigste und zuverlässigste Risikofaktor für einen Suizid ist ein früherer Suizidversuch; je nach Studie erhöht sich dadurch das Risiko für einen Suizid um das 20- bis 40-Fache (Large u.a. 2011; Runeson u.a. 2010; Suominen u.a. 2004; Tidemalm u.a. 2008; Weiner u.a. 2011). Das Suizidrisiko ist im ersten Jahr nach einem Suizidversuch am höchsten (100-fach erhöht) und bleibt über Jahrzehnte hinweg bestehen (Jenkins u.a. 2002; Suominen u.a. 2004). Das Suizidrisiko ist besonders hoch, wenn es mehrere Suizidversuche gab und der letzte noch nicht lange zurückliegt. Außerdem besteht eine hohe Gefährdung, wenn bedauert wird, dass der letzte Suizidversuch nicht gelungen ist (CHEHIL & KUTCHER 2013, S. 39).

Ein früherer Suizidversuch ist der wichtigste Risikofaktor für Suizid.

Psychische Erkrankungen → Wie schon eingangs beschrieben, gehört die Diagnose einer psychischen Erkrankung zu den wichtigsten Risikofaktoren für Suizid und Suizidversuch (S. 19).
Bei einer differenzierteren Betrachtung der psychischen Erkrankungen sind vor allem die unipolare Depression und die bipolare Erkrankung (REUTFORS u.a. 2010; ARSENAULT-LAPIERRE u.a. 2004; HARRIS & BARRACLOUGH 1997) neben der Schizophrenie Risikofaktoren für Suizid. Es kann in etwa davon ausgegangen werden, dass vier bis zehn Prozent der an Schizophrenie erkrankten Menschen Suizid begehen (LARGE u.a. 2011; REUTFORS u.a. 2010; NEUNER u.a. 2008). Eine ganze Reihe weiterer Faktoren erhöht das Suizidrisiko von Menschen, die an einer Schizophrenie erkrankt sind (CHEHIL & KUTCHER 2013, S. 47). Unter anderem zählen dazu:

- befehlende Stimmen, die zu Suizid oder Gewalt auffordern;
- Nebenwirkungen von Psychopharmaka;
- Hoffnungslosigkeit;
- soziale Belastungen, zum Beispiel finanzielle Probleme;
- kürzliche Entlassung aus der Klinik;
- männlich und jünger als 45 Jahre.

Ein weiterer wichtiger Risikofaktor für einen Suizid ist das Vorliegen einer stoffgebundenen Suchterkrankung (ARSENAULT-LAPIERRE u.a. 2004; COOPER u.a. 2005). Besonders eine Alkoholabhängigkeit (SHER 2006) oder Alkoholmissbrauch (WETTERLING & SCHNEIDER 2013) sind als Risikofaktoren für einen Suizid zu berücksichtigen. Ungefähr 7% aller Menschen mit der Diagnose Alkoholabhängigkeit begehen Suizid (INSKIP u.a. 1998).
Hierbei ist zu beachten, dass es einen Zusammenhang zwischen dem Blutalkoholwert und dem Suizidrisiko gibt. Je höher der Blutalkoholwert, desto größer ist das Suizidrisiko (BORGES & ROSOVSKY 1996;

Wetterling & Schneider 2013). Hufford (2001) hat vier psychologische Mechanismen zusammengefasst, die für ein erhöhtes Suizidrisiko unter Alkoholeinfluss verantwortlich sein können:

- Alkohol verringert die psychische Belastbarkeit.
- Alkohol erhöht die Aggressivität bzw. Destruktivität.
- Alkohol fördert den Übergang von Suizidgedanken zu Suizidhandlungen.
- Alkohol beeinträchtigt die kognitiven Fähigkeiten, eine Folge ist die fehlende Entwicklung von alternativen Bewältigungsstrategien.

Alkoholmissbrauch ist als einzelner Risikofaktor nicht sehr aussagekräftig. In Kombination mit anderen Risikofaktoren steigt das Suizidrisiko aber erheblich (Sher 2006), beispielsweise wenn zur Alkoholabhängigkeit irgendeine psychische Erkrankung und ein kritisches Lebensereignis hinzukommt (vgl. Abbildung 3). Das Risiko erhöht sich ebenfalls, wenn zusätzlich eine Depression vorliegt oder wenn der Verlust einer nahestehenden Person beklagt wird oder wenn Beziehungsprobleme vorliegen.

Abbildung 3 **Kombinationen verschiedener Risikofaktoren, die das Suizidrisiko bei Menschen mit einer Alkoholabhängigkeit erhöhen**

Psychische Erkrankung + kritische Lebensereignisse (Disstress)

Alkoholabhängigkeit + Depression

Verlust einer nahestehenden Person oder Beziehungsprobleme

Hoffnungslosigkeit → Ein weiterer zentraler Risikofaktor für einen Suizid ist das Erleben von Hoffnungslosigkeit (Brown u.a. 2000; McMillan u.a. 2007). Beispielsweise konnte ein Zusammenhang von stationären Patientensuiziden und dem Erleben von Hoffnungslosigkeit gezeigt werden (Large u.a. 2011). Bei Menschen, die nach der Beck Hopelessness Scale eine ausgeprägte Hoffnungslosigkeit haben, wurde ein 11-fach erhöhtes Suizidrisiko festgestellt (McMillan u.a.

2007). Klinische Leitlinien empfehlen deshalb übereinstimmend, die Hoffnungslosigkeit (neben anderen wichtigen Risikofaktoren) als wichtiges Kriterium bei der Einschätzung des Suizidrisikos zu beachten (APA 2003; Registered Nurses' Association of Ontario 2009; Victorian Department of Health 2010).

Demografische Faktoren → Männliches Geschlecht und höheres Alter sind ebenfalls Risikofaktoren für einen Suizid. Männer begehen in Europa im Durchschnitt drei- bis neunmal häufiger Suizid als Frauen (WHO 2011b). Im Alter steigt das Suizidrisiko sowohl bei Frauen als auch bei Männern ab dem 60. Lebensjahr stark an (SCHMIDTKE u.a. 2008).

Sonstige Faktoren → Neben den genannten Risikofaktoren für Suizid gibt es zahlreiche weitere, die in der Literatur beschrieben und in Studien untersucht wurden. Dazu gehören unter anderem Suizide von nächsten Angehörigen oder psychische Erkrankungen in der Familie (LARGE u.a. 2011; QIN u.a. 2003), Missbrauchserfahrungen in der Kindheit (BRUFFAERTS u.a. 2010; DUBE u.a. 2005), genetische Faktoren (VORACEK & LOIBL 2007) und körperliche Erkrankungen (HARRIS & BARRACLOUGH 1997). Bei den körperlichen Erkrankungen besteht ein erhöhtes Risiko vor allem bei chronischen und neurologischen Erkrankungen, vor allem dann, wenn schwere Schlafstörungen, anhaltende Schmerzen, kognitive Einschränkungen und Behinderungen vorliegen (CHEHIL & KUTCHER 2013). Weitere Risikofaktoren sind mit Stress verbundene Lebensereignisse (Scheidung, Kündigung, Tod nahestehender Personen) und soziale Isolation (NEELEMAN 2001; COOPER u.a. 2005).

Ein umgebungsbedingter Faktor ist der sogenannte Werther-Effekt, mit dem ein Nachahmungs- oder Imitationssuizid gemeint ist, der durch eine ausführliche Berichterstattung über Suizide bei manchen Menschen ausgelöst werden kann.

Exkurs

Werther- und Papageno-Effekt

Der Werther-Effekt ist nach der Hauptfigur des Romans »Die Leiden des jungen Werther« von Johann Wolfgang von Goethe benannt. In dem Roman begeht der unglücklich verliebte Werther Suizid, was zu einer Welle von Nachahmungssuiziden unter jungen Männern führte, die den Roman gelesen hatten.

Der Begriff »Werther-Effekt« wurde von Phillips (1974) in die Wissenschaft eingeführt. Er konnte zeigen, dass nach der Berichterstattung über die Suizide prominenter Personen in den Medien eine erhöhte Suizidrate in der Allgemeinbevölkerung messbar war. Am stärksten war dieser Effekt in der Studie von Phillips nach dem Tod von Marilyn Monroe.

Schmidtke und Häfner (1988) gelang schließlich ein sehr überzeugender Nachweis der Existenz des Werther-Effekts. Sie untersuchten 1981 die Anzahl der Eisenbahnsuizide nach der Ausstrahlung der Sendung »Tod eines Schülers« im Zweiten Deutschen Fernsehen, ZDF. Zu Beginn der sechsteiligen Serie war dort ein Schüler zu sehen, der sich vor einen Zug warf. Verglichen mit den vorangegangenen Jahren nahm im Jahr der Ausstrahlung der Sendung die Anzahl von Eisenbahnsuiziden bei den Schülern im Alter von 15 bis 19 Jahren um 175 % zu. Das Besondere an dieser Untersuchung war, dass die Sendung trotz Warnung von psychiatrischer Seite im Folgejahr erneut ausgestrahlt wurde. Dabei konnte der Effekt wiederum nachgewiesen werden, die Suizidrate nahm dieses Mal um 115 % zu.

Aus den Erfahrungen zum Werther-Effekt können nach Ziegler und Hegerl (2002) die folgenden Konsequenzen abgeleitet werden:

- Die Berichterstattung über einen Suizid sollte stets abstrakt und sachlich sein, auf detaillierte Informationen über die Suizidmethode und den Suizidort sollte verzichtet werden, d.h. auch, dass keine Fotos dazu gezeigt werden sollten.
- Auf Spekulationen über die Hintergründe, Auslöser und Motive der Tat sollte verzichtet werden.
- Der Suizid sollte nicht heroisiert oder romantisiert werden, kein Mitleid erwecken oder Betroffenheit erzeugen.

Es gibt Hinweise, dass der Werther-Effekt auch nach dem Suizid einer nicht prominenten Person, beispielsweise nach einem Patientensuizid, auftreten kann (Stack 1990).

Dem Werther-Effekt wird in der aktuellen Fachdiskussion der Papageno-Effekt gegenübergestellt (Niederkrotenthaler u.a. 2010), der nach Papageno, dem Held in Mozarts Oper »Die Zauberflöte« benannt ist, weil Papageno von drei Knaben davon abgehalten wurde, sich das Leben zu nehmen. Der Papageno-Effekt bedeutet, dass eine bestimmte Art von Berichterstattung vor einem Suizid schützen kann.

Das ist zum Beispiel dann der Fall, wenn beschrieben wird, wie Menschen eine für sie schwere Situation konstruktiv und ohne suizidales Verhalten bewältigen konnten.

Risikoscreening mit der NGASR-Skala

Die NGASR-Skala ist eines der wenigen in deutscher Übersetzung vorliegenden Instrumente, mit dem eine globale Einschätzung der Basissuizidalität vorgenommen werden kann (vgl. S. 14). Das Instrument wurde in England im Rahmen eines Projekts zur Einführung evidenzbasierter Pflege entwickelt (CUTCLIFFE & BARKER 2004). Es besteht aus 15 wichtigen Risikofaktoren für einen Suizid oder Suizidversuch. Anhand einer dichotomen Rating-Skala (Antwortmöglichkeiten Ja/Nein) wird von einer Gesundheitsfachperson beurteilt, ob die Kriterien (Risikofaktoren), beispielsweise »Hoffnungslosigkeit« oder »früherer Suizidversuch«, vorliegen oder nicht.

Die einzelnen Kriterien der NGASR-Skala werden unterschiedlich gewichtet, beispielsweise mit drei Punkten für »Depression« und mit einem Punkt für »Stimmen hören«. Die Anzahl der Punkte korreliert mit dem Risiko. Die fünf Kriterien, die mit drei Punkten gewichtet sind, stellen die wichtigsten Risikofaktoren mit einer höheren Voraussagekraft (Sensitivität) für Suizid dar. Die mögliche Gesamtpunktzahl (Gesamtscore) der englischen Fassung beträgt 25 Punkte.

Der deutschen Version der NGASR-Skala wurde in Rücksprache mit einem der Autoren um das Kriterium »mehrere Hospitalisationen in den letzten Jahren, Wiederaufnahme kurz nach der letzten Entlassung« ergänzt (KOZEL u.a. 2007). Die Gesamtpunktzahl der deutschen Version liegt bei 26 Punkten.

Zur Interpretation der erreichten Gesamtpunktzahl werden die folgenden Risikobeurteilungsstufen verwendet: 4 Punkte oder weniger = Stufe 1 = kleines Risiko; 5–8 Punkte = Stufe 2 = mäßiges Risiko; 9–11 Punkte = Stufe 3 = hohes Risiko; 12 und mehr Punkte = Stufe 4 = sehr hohes Risiko.

Abbildung 4 **Die deutsche Version der NGASR-Skala**
(Abderhalden u. a. 2005)

NGASR-Skala

Risikofaktoren	Punkte
Vorhandensein, Einfluss von Hoffnungslosigkeit	3
Kürzlich eingetretene mit Stress verbundene Lebensereignisse	1
Deutliche Hinweise auf Stimmenhören, Verfolgungsideen	1
Deutliche Hinweise auf Depression, Verlust von Interesse oder Verlust von Freude	3
Deutlicher Hinweis auf sozialen Rückzug	1
Äußerung von Suizidabsichten	1
Deutliche Hinweise auf einen Plan zur Suizidausführung	3
Familiengeschichte von ernsthaften psychiatrischen Problemen o. Suizid	1
Kürzlicher Verlust einer nahestehenden Person oder Bruch einer Beziehung	3
Vorliegen einer psychotischen Störung	1
Witwe, Witwer	1
Frühere Suizidversuche	3
Vorliegen schlechter sozioökonomischer Verhältnisse	1
Vorliegen von Alkohol- oder anderem Substanzmissbrauch	1
Bestehen einer terminalen Krankheit	1
Mehrere psychiatrische Klinikaufenthalte in den letzten Jahren, Wiederaufnahme kurz nach der letzten Entlassung	1
SUMME	

Bewertung
4 Punkte oder weniger: niedriges Risiko
5–8 Punkte: mäßiges Risiko
9–11 Punkte: hohes Risiko
12 und mehr Punkte: sehr hohes Risiko

Subjektive pflegerische Einschätzung des Suizidrisikos
Wie groß ist nach Ihrer subjektiven, gefühlsmäßigen, intuitiven Einschätzung das Suizidrisiko?

Bitte markieren: Punkte:

kleines Risiko	mäßiges Risiko	hohes Risiko	sehr hohes Risiko	→ ☐
1	2	3	4	

Das Risikoscreening mit der NGASR-Skala wird unmittelbar während oder nach dem Aufnahmegespräch bei allen Patienten durchgeführt. In der Regel sind die Bezugspflegeperson und der zuständige Arzt beteiligt. Das Risikoscreening dauert im Durchschnitt fünf Minuten und besteht aus den folgenden drei Elementen:

1. **Erfassung von evidenzbasierten Risikofaktoren** → Auf einer dichotomen Skala wird beurteilt, ob 16 evidenzbasierte Risikofaktoren für Suizidalität vorliegen oder nicht. Durch die Summe der erfassten Punktwerte ergibt sich eine der vier Risikostufen: 1 = kleines, 2 = mäßiges, 3 = hohes, 4 = sehr hohes Risiko.
2. **Subjektive Einschätzung der derzeitigen Suizidgefährdung** → Anhand einer vierstufigen visuellen Ratingskala soll hier ganz subjektiv nach Gefühl oder Intuition die derzeitige Suizidgefährdung beurteilt werden. Wieder gilt: 1 = kleines, 2 = mäßiges, 3 = hohes, 4 = sehr hohes Risiko.
3. **Festlegung des derzeitigen Suizidrisikos** → Auf der Basis der ersten beiden Einschätzungen wird unter Berücksichtigung der klinischen Gesamtsituation eine Aussage über die derzeitige »Suizidgefährdung« getroffen, die in der Regel die beteiligten Fachpersonen, meistens Bezugspflegeperson und Arzt, gemeinsam absprechen. Auch hier gilt die vierstufige Ratingskala: 1 = kleines, 2 = mäßiges, 3 = hohes, 4 = sehr hohes Risiko.

Die festgelegte Risikostufe ist maßgebend für den weiteren interdisziplinären Behandlungsprozess und für die Auswahl entsprechender Interventionen. Eine vertiefte Einschätzung des Suizidrisikos wird dann vorgenommen (siehe Fokusassessment, S. 38 ff.), wenn beim Risikoscreening der Patientin oder dem Patienten die Stufe 3 = hohes Risiko oder 4 = sehr hohes Risiko zugeordnet wurde.

Beispiel Beim Aufnahmegespräch wurde bei Frau Schanz aufgrund des Vorliegens der Risikofaktoren »Hoffnungslosigkeit«, »mit Stress verbundene Lebensereignisse«, »Stimmen hören«, »Depression«, »Äußerung von Suizidabsichten«, »Verlust einer nahestehenden Person« und »psychotische Störung« eine hohe Basissuizidalität (Risikostufe 3) ermittelt. Die Bezugspflegeperson beurteilte die Risikogefährdung aufgrund ihres Bauchgefühls ebenfalls mit Risikostufe 3. Gemeinsam mit der zuständigen Ärztin wurde schließlich die Risikostufe 3 = hohes Risiko festgelegt. Das gesamte Risikoscreening dauerte etwa 15 Minuten. Frau Schanz wurde mitgeteilt, dass man bei ihr momentan von einem hohen

Suizidrisiko ausgehe. Mit ihrem Einverständnis wurde daraufhin zunächst die Stationstür geschlossen. Frau Schanz sagte, dass sie sehr erleichtert sei, dass das Thema »Suizid« so klar angesprochen wurde. Nach dem Risikoscreening wurde mit Frau Schanz ein längeres Gespräch geführt, um eine vertiefte Einschätzung der Suizidgefährdung (Fokusassessment) vorzunehmen. Nach diesem Gespräch konnte eine akute Suizidgefährdung ausgeschlossen werden, die Einschätzung wurde auf Stufe 2 = mäßiges Risiko zurückgestuft. Die Stationstür wurde wieder geöffnet.

Im deutschsprachigen Raum wird die NGASR-Skala schon seit einigen Jahren mit Erfolg als Screeninginstrument eingesetzt.

Risikoscreening mit PRISM-S

Eine sehr innovative Methode für ein Screening der Suizidgefährdung ist PRISM-S. Dabei handelt es sich um eine einfache und schnell handhabbare Methode zur visuellen Darstellung und Beurteilung von Suizidalität.
PRISM (Pictorial Representation of Illness and Self Measure) wurde ursprünglich zur Erfassung des subjektiv empfundenen Leidens von Patienten mit körperlichen Krankheiten entwickelt (Büchi 2004). Leiden wird von Büchi als ein Zustand von schwerem Disstress (negativer, überfordernder Stress) beschrieben, der die Intaktheit der Person bedroht. Dieser Leidensdruck wird visualisiert und gemessen.
Bei PRISM-S (PRISM-Suicidality) wird der Patientin bzw. dem Patienten eine weiße, DIN-A4-große Tafel vorgelegt, in deren rechten unteren Ecke sich eine gelbe Scheibe befindet (siehe Abbildung 5). Der Patient wird aufgefordert, sich vorzustellen, dass die weiße Tafel sein Leben und die gelbe Scheibe sein eigenes Selbst darstellt (»Der gelbe Kreis sind Sie«). Der Patient bekommt dann eine schwarze, magnetische Scheibe ausgehändigt. Er soll sich vorstellen, dass die schwarze Scheibe seinen Suizidwunsch symbolisiert. Der Patient wird nun gebeten, die schwarze Scheibe so auf der Tafel zu positionieren, dass sie zeigt, welchen Platz sein Wunsch, Suizid zu begehen, gegenwärtig in seinem Leben einnimmt (»Wie nahe oder wie weit weg ist Ihnen gegenwärtig Ihr Wunsch, sich das Leben zu nehmen?»).
Anhand der gemessenen Distanz der gelben Scheibe (Selbst) zur schwarzen Scheibe (Suizidwunsch) kann gemessen werden, wie »nah« oder

»wie weit weg« der momentane Wunsch des Patienten, der Patientin, ist, Suizid zu begehen. Die Distanz zwischen dem »Selbst« und dem »Wunsch, Suizid zu begehen« wird als »Selbst-Suizidalität-Separation (SSS)« bezeichnet. Diese Distanz repräsentiert das »Maß der Gefährdung, sich zu suizidieren« (HARBAUER u.a. 2013).

Abbildung 5 **PRISM-S – Selbst-Suizidalität-Separation (SSS)**

Demnach besteht ein hoher Wunsch, Suizid zu begehen, wenn die schwarze Scheibe beispielsweise in einem Abstand von 5 mm zum gelben Kreis angeordnet wird. Ein Suizid spielt überhaupt keine Rolle, wenn die schwarze Scheibe in einer Entfernung von 270 mm angebracht wird (die Tafel ist 290 mm breit).

Fokusassessment

Grundsätzlich muss bei allen Patienten und Patientinnen, bei denen nach dem Screening von einer erhöhten Suizidgefährdung ausgegangen wird, ein differenzierter diagnostischer Prozess, ein sogenanntes Fokusassessment eingeleitet werden, an dessen Ende eine ausdrückliche Risikobeurteilung stehen sollte. Eine zentrale Voraussetzung für eine vertiefte Einschätzung der Suizidgefährdung ist eine stabile und tragfähige Beziehung (siehe »Beziehung und Kommunikation«, S. 68 ff.).
Die wichtigste Methode zur vertieften und ausführlichen Einschätzung des Suizidrisikos ist ein Gespräch mit der Patientin, dem Patienten (BRYAN & RUDD 2011; RUDD 2006a; WOLFERSDORF 2008), deshalb sollte man sich auf ein solches Gespräch so gut wie möglich und gezielt vorbereiten.

Gut vorbereitet zu sein bedeutet, dass man sich auf den Kontakt mit dem suizidalen Menschen innerlich eingestellt hat. Dazu gehört auch, sich die eigenen Haltungen, Ängste und Einstellungen zum Thema Suizid bewusst zu machen. DORRMANN (2012, S. 153 ff.) hat einen kurzen Fragebogen entwickelt, mit dessen Hilfe Gesundheitsfachpersonen ihre eigenen Ängste beim Umgang mit suizidalen Menschen reflektieren können. Die am weitesten verbreiteten Ängste bei Therapeuten, die mit suizidalen Menschen arbeiten, sind: 1. Angst vor den Konsequenzen eines Patientensuizids, 2. Angst vor Fehleinschätzungen und den damit verbundenen Konsequenzen, 3. Angst, keine Interventionsmöglichkeiten zu haben, und 4. Angst vor der Verantwortung. Weitere Bereiche sind die Angst, nicht die dem Thema angemessene Sprache zu finden, und die Angst vor mangelndem eigenem Einfühlungsvermögen.
CHEHIL & KUTCHER (2013, S. 70f.) empfehlen in diesem Zusammenhang Folgendes:

- Achten Sie auf eigene Gedanken und Gefühle zum Thema Suizid.
- Akzeptieren Sie, dass man nicht jeden Suizid verhindern kann.
- Entwickeln Sie Fertigkeiten, mit Ihren Gefühlen und Reaktionen gegenüber suizidalen Menschen umzugehen.
- Setzen Sie sich mit der Möglichkeit auseinander, dass sich ein Patient das Leben nimmt.
- Sprechen Sie mit Kolleginnen und Kollegen über das Thema.
- Informieren Sie sich, wo Sie sich selbst Unterstützung holen können, wenn Sie sie benötigen.
- Vertrauen Sie auf Ihre Fertigkeiten im Umgang mit Suizidalität.

Von zentraler Bedeutung ist an dieser Stelle der Hinweis, dass jede Sorge, durch das Ansprechen von möglichen Suizidgedanken werde ein Handlungsimpuls gesetzt, unbegründet ist. Dadurch wird niemand auf die Idee gebracht, Suizid zu begehen. Vielmehr ist das Gegenteil der Fall. Suizidale Menschen stehen unter einem hohen Leidensdruck und suchen nach Hilfe. Sie erwarten meistens, zu ihrer Suizidalität befragt zu werden. Deshalb ist die Suizidalität der Patientin, des Patienten immer direkt, offen und ausführlich zu besprechen (JACOB u.a. 2009). Das Sprechen über Suizidgedanken und -absichten wird häufig als entlastend erlebt. Die Patienten sind nicht mehr allein mit ihrer Suizidalität – dies kann sie aus ihrer sozialen Isolation führen und gibt ihnen die Möglichkeit, Unterstützung und Hilfe zu bekommen.

Suizidgedanken, Suizidabsichten und Suizidpläne müssen grundsätzlich direkt und offen angesprochen werden.

In erster Linie geht es in dem Gespräch mit dem Patienten darum, das Vorhandensein von Suizidgedanken (Häufigkeit, Dauer, Intensität), Suizidabsichten (Motivation, Druck, Wille) und aktuellen Suizidplänen zu erfragen und zu beurteilen (BRYAN & RUDD 2011; Registered Nurses' Association of Ontario 2009; Victorian Department of Health 2010; WOLFERSDORF 2008).
Im Gespräch sollten unbedingt auch Fragen zum suizidalen Verhalten in der Vergangenheit gestellt werden (BRYAN & RUDD 2011). Wurden schon einmal Suizidversuche durchgeführt? Wie viele genau? Welche Methoden kamen zur Anwendung? Warum wurden gerade diese Methoden gewählt? Wie waren die konkreten Umstände? (BRYAN & RUDD 2006; Victorian Department of Health 2010). Daraus ergibt sich ein differenzierteres Bild der aktuellen Suizidgefährdung.
Ein weiterer wichtiger Punkt ist die Exploration der aktuellen Befindlichkeit. Erlebt die Patientin, der Patient, beispielsweise Verzweiflung, Ausweglosigkeit, Hoffnungslosigkeit, Selbsthass, Stress, Spannung oder psychischen Schmerz (BRYAN & RUDD 2011; MICHEL & JOBES 2010; JOBES 2006; RUDD 2006a)?
Weiterhin muss überprüft werden, inwieweit ein suizidaler Mensch leichten Zugang zu hochletalen Suizidmethoden hat. Hat jemand beispielsweise Zugang zu Waffen oder zu hochtoxischen Substanzen (BRYAN & RUDD 2006; Victorian Department of Health 2010)? In einer Übersichtsarbeit konnte gezeigt werden, dass der eingeschränkte Zugang zu Suizidmitteln eine wirksame Maßnahme der Suizidprävention ist (MANN u.a. 2005). Wenn jemand keinen unmittelbaren Zugang zu Suizidmethoden hat, besteht immer die Möglichkeit, dass die eigene Situation noch einmal überdacht wird oder eine bedeutsame Begegnung mit einem anderen Menschen stattfinden kann.
Nicht zuletzt sollte das Vorhandensein beziehungsweise das Fehlen von protektiven Faktoren, also solchen, die jemanden davor schützen, einen Suizid zu begehen, im Rahmen eines vertieften Suizidassessments unbedingt beurteilt werden (MALONE u.a 2000; Victorian Department of Health 2010). Protektive Faktoren können zum Beispiel ein gutes

soziales Netzwerk, Kinder, Problemlösungsfähigkeiten oder religiöse Überzeugungen sein (APA 2003).

Strukturiertes Gespräch zur Einschätzung des aktuellen Suizidrisikos

Im Rahmen des Fokusassessments zur Beurteilung des aktuellen Suizidrisikos sollten die folgenden sieben Bereiche behutsam und detailliert erfragt werden (Rudd u.a. 2001, 2006; Bryan & Rudd 2011; Wolfersdorf & Etzersdorfer 2011; Chehil & Kutcher 2013). Bei Unsicherheit im Umgang mit Suizidalität können die beispielhaften Fragen helfen, einen Anfang zu finden.

Einleitung des Gesprächs → »Sie haben beim Aufnahmegespräch davon erzählt, dass es Ihnen momentan nicht so gut geht. Das kann ich gut nachvollziehen, da Sie es gerade nicht leicht haben. Menschen, die Ähnliches wie Sie durchmachen, sagen mir oft, dass sie daran gedacht haben, sich das Leben zu nehmen. Kennen Sie solche Gedanken auch?«

Suizidgedanken → Grundsätzlich empfiehlt es sich, allgemein zu beginnen und im weiteren Verlauf detaillierter zu werden. Dadurch kann einfacher zwischen einer eher passiven Suizidalität und einem erhöhten Handlungsdruck unterschieden werden (vgl. Abbildung 1: Beschreibung von Suizidalität). Das Suizidrisiko ist höher, wenn Suizidgedanken im Gegensatz zum passiven Beschäftigen mit Ruhe- und Todeswünschen vorhanden sind. Ein hohes Risiko besteht weiterhin bei ausgeprägten, lang andauernden Suizidgedanken, die subjektiv als »schlimm« oder »überwältigend« erlebt werden.

Mögliche Fragen, um eher passive Suizidalität zu erkunden, sind:

»Hatten Sie schon einmal das Gefühl, das Leben ist nicht lebenswert?«

»Hatten Sie schon einmal Gedanken, nicht mehr leben zu wollen?«

»Hatten Sie schon einmal den Wunsch, tot zu sein?«

»Haben Sie kürzlich an Ihren Tod gedacht?«

Mögliche Fragen, um zunehmenden Handlungsdruck und ein Handlungsrisiko zu erkennen:

»Haben Sie schon einmal daran gedacht, Ihrem Leben ein Ende zu setzen?«

»Haben Sie jemals daran gedacht, sich das Leben zu nehmen?«

»Wie oft denken Sie daran, sich das Leben zu nehmen? Jeden Tag? Mehrmals am Tag? Einmal wöchentlich?«

»Wie lange dauern diese Gedanken, wenn Sie sie haben? Sekunden? Minuten? Stunden?«
»Wie schlimm sind diese Gedanken für Sie persönlich?«
»Beurteilen Sie, wie schlimm diese Gedanken für Sie persönlich sind, auf einer Skala von 1 = gar nicht schlimm bis 10 = sehr schlimm.«
»Haben Sie das Gefühl, dass Sie diese Gedanken unter Kontrolle haben?«
Suizidabsichten → Wenn starke und deutliche Suizidabsichten vorhanden sind, ist das Suizidrisiko erheblich erhöht.
Mögliche Fragen zu Suizidabsichten:
»Wie stark ist momentan Ihr Wunsch, Ihre Absicht, sich das Leben zu nehmen?«
»Beurteilen Sie Ihren Wunsch, Ihre Absicht, sich das Leben zu nehmen, auf einer Skala von 1 = überhaupt kein Wunsch, keine Absicht bis 10 = sicher sein, sich so schnell wie möglich das Leben zu nehmen.«
»Wenn Sie jetzt allein wären, würden Sie versuchen, sich das Leben zu nehmen?«
»Wie sieht das für die nächste Zeit aus?«
Suizidpläne → Das Suizidrisiko ist besonders erhöht, wenn schon eine konkrete Methode ausgewählt wurde, zu der ein einfacher Zugang besteht, und wenn die Person überzeugt ist, mit dieser Methode auch erfolgreich zu sein. Weiterhin muss von einem hohen Risiko ausgegangen werden, wenn ein Suizid bereits detailliert in Gedanken durchgespielt wurde. Das Risiko ist noch höher bei allen Formen von Vorbereitungshandlungen, beispielsweise Maßnahmen, die verhindern sollen, dass jemand eingreifen kann, um den Suizid zu verhindern.
Mögliche Fragen zu Suizidplänen:
»Haben Sie konkrete Überlegungen, wie Sie sich das Leben nehmen könnten?«
»Über welche Methode haben Sie nachgedacht?
»Haben Sie schon ein Datum oder einen Ort festgelegt, um sich das Leben zu nehmen?«
»Haben Sie gezielt einen Ort (zum Beispiel eine Brücke, einen Baum, ein Bahngleis) ausgewählt, an dem Sie sich das Leben nehmen können? Haben Sie diesen Ort auch schon aufgesucht und begutachtet?
»Haben Sie sich Medikamente, Gift oder Waffen besorgt?«
»Haben Sie schon irgendwelche Vorbereitungen für Ihren Tod getroffen? Abschiedsbriefe? Regelung finanzieller Angelegenheiten? Testament?

»Haben Sie bereits in irgendeiner Art und Weise Ihren Suizid gedanklich durchgespielt? Indem Sie beispielsweise alles Schritt für Schritt durchgegangen sind? Welche Schritte waren es genau, die Sie konkret durchgegangen sind?«

Suizidales Verhalten in der Vergangenheit → Das Suizidrisiko ist grundsätzlich stark erhöht, wenn es in der Vergangenheit mehrere Suizidversuche gab und wenn der letzte Suizidversuch noch nicht lange zurückliegt. Von einer erhöhten Suizidgefährdung muss außerdem ausgegangen werden, wenn:

- letale Methoden verwendet wurden;
- der Versuch genau geplant wurde;
- wenig Möglichkeiten bestanden, entdeckt zu werden;
- ein klarer und eindeutiger Wunsch zu sterben vorlag;
- der Suizidversuch nicht bedauert wird.

Mögliche Fragen zum suizidalen Verhalten in der Vergangenheit:
»Wie oft haben Sie schon versucht, sich das Leben zu nehmen?«
»Wie war das genau bei Ihrem ersten Suizidversuch? Gab es einen Auslöser?«
»Wie haben Sie sich vor dem Suizidversuch gefühlt? Hoffnungslos, schuldig, überfordert, voller Wut?«
»Was haben Sie vor dem Suizidversuch gedacht?«
»Was haben Sie vor dem Suizidversuch genau getan?«
»Wo, zu welcher Zeit, mit welcher Methode haben Sie den Suizidversuch durchgeführt?«
»Haben Sie vor dem Suizidversuch Alkohol oder andere Drogen genommen?«
»War der Versuch geplant? Wie lange und wie genau haben Sie das Ganze geplant?«
»Oder war der Suizidversuch eher spontan, impulsiv, ungeplant?«
»Wie sicher waren Sie damals, dass die Methode erfolgreich sein wird?«
»Wie stark war damals Ihr Wunsch zu sterben? Wie stark war Ihre Absicht, wirklich tot zu sein?«
»Waren Sie danach froh, überlebt zu haben? Oder waren Sie enttäuscht, dass es nicht funktioniert hat?«
»Bedauern Sie Ihren früheren Suizidversuch?«
»Was waren die Folgen Ihres damaligen Suizidversuchs? In Bezug auf Gesundheit, Therapie und Behandlung, Familie, Freunde, Beziehung und Partnerschaft?«

Aktuelles Befinden → Da das Ausmaß der Hoffnungslosigkeit und des seelischen Schmerzes mit der Suizidalität korreliert, sind starke Gefühle der Hoffnungslosigkeit, Ausweglosigkeit und Hilflosigkeit deutliche Hinweise auf eine akute Suizidgefährdung.
Mögliche Fragen zum aktuellen Befinden:
»Haben Sie Gefühle von Hoffnungslosigkeit?«
»Zum Beispiel das Gefühl, dass sich die Dinge nie ändern oder nie besser werden?«
»Zum Beispiel das Gefühl, dass es sinnlos ist, weiterzumachen?«
»Sehen Sie Ihre Zukunft schwarz, fühlen Sie sich hoffnungslos?«
»Haben Sie das Gefühl, in einer Falle zu sitzen?«
»Haben Sie das Gefühl, dass es keine Lösungen gibt?«
»Beurteilen Sie das Ausmaß der von Ihnen empfundenen Hoffnungslosigkeit auf einer Skala von 1 = ich bin optimistisch, was meine Zukunft anbelangt, bis 10 = ich bin absolut hoffnungslos, dass irgendetwas für mich besser werden kann.«
»Fühlen Sie sich verzweifelt?«
»Haben Sie das Gefühl, keinen Ausweg finden zu können?«
»Stehen Sie unter einer großen Anspannung, unter großem Druck oder starkem Stress?«
»Fühlen Sie einen unerträglichen seelischen, psychischen Schmerz?«
Zugang zu Suizidmethoden → An dieser Stelle geht es darum, zu beurteilen, ob ein einfacher Zugang zu Suizidmethoden besteht. Hat jemand beispielsweise aufgrund seines Berufs oder Hobbys erleichterten Zugang zu Waffen oder Gift (Polizisten, Militärangehörige, Jäger, Sportschützen, Ärzte, Apotheker usw.)? Hat jemand aufgrund einer Erkrankung stets eine große Anzahl von Medikamenten zur Verfügung? Wohnt jemand in der Nähe einer Bahnlinie?
Protektive Faktoren → Faktoren, die jemanden davor schützen, einen Suizid zu begehen, müssen bei jeder vertieften Einschätzung der Suizidgefährdung erfasst werden. Es handelt sich um wichtige Gründe, die einen Menschen dazu veranlassen, am Leben zu bleiben, und mithin auch um Ansatzpunkte für die weitere Behandlung. Das Suizidrisiko ist dann als erhöht zu betrachten, wenn ein Mensch keine Gründe für das Weiterleben sieht oder wenn mehr Gründe für den Tod genannt werden als für das Leben. Beispiele für protektive Faktoren sind Kinder, Familie oder berufliche Zufriedenheit.
Mögliche Fragen zu protektiven Faktoren:

»Sie hatten eine sehr schwere Zeit, trotzdem gibt es etwas, das Ihnen geholfen hat, diese Zeit durchzustehen. Was genau sind Ihre Gründe zu leben?«
»Was genau muss passieren, damit Sie hoffnungsvoller in die Zukunft blicken können? Was könnte Ihnen dabei helfen?«
»Fühlen Sie sich mit jemandem besonders verbunden? Kinder, Familie, Freunde, Religion?«
»Was hält Sie aktuell davon ab, sich das Leben zu nehmen?«
»Was bringt Sie dazu, weiterzumachen? Haben Sie Ziele oder sehen Sie noch einen Sinn im Leben?«

Checkliste für ein strukturiertes Gespräch über Suizidalität

Suizidgedanken
- passive Ruhe- oder Todeswünsche
- Suizidgedanken: Häufigkeit, Dauer, Intensität
- Kontrolle oder Angst vor Kontrollverlust

Suizidabsichten
- Wunsch, sich das Leben zu nehmen
- Absicht, sich das Leben zu nehmen

Suizidpläne
- Methode
- Ort, Datum
- Vorbereitungshandlungen, gedankliche Vorbereitung

Suizidales Verhalten in der Vergangenheit
- Häufigkeit
- Wo, wann, wie?
- Umstände, Auslöser
- konkrete Absicht, »tot zu sein«
- konkrete Planung
- Bewertung des Suizidversuchs (Bedauern)

Aktuelles Befinden
- Hoffnungslosigkeit
- Verzweiflung
- Erleben von Disstress
- psychische Schmerzen

Zugang zu Suizidmethoden

- Waffen
- Medikamente
- Örtlichkeiten in der Nähe

Protektive Faktoren

- Gründe zu leben
- Ziele im Leben
- einen Sinn im Leben sehen

Selbstbeurteilung mit dem »Suicide Status Form II«-Fragebogen

Eine weitere Möglichkeit zur Einschätzung der akuten Suizidgefährdung ist die Verwendung des »Suicide Status Form II«-Fragebogens (SSF II; Jobes u.a. 1997). Dieser ist ein Selbstbeurteilungsinstrument, mit dem der Patient, die Patientin, selbst zusammen mit einer Fachperson eine Einschätzung der eigenen Suizidalität vornimmt. Die Nutzung eines solchen Instruments signalisiert einen Paradigmenwechsel von der Haltung »Der Professionelle ist der Experte der Suizidalität des Patienten« hin zur Überzeugung »Der Patient ist der Experte seiner eigenen Suizidalität« (Michel u.a. 2002).

Der SSF II orientiert sich an einem handlungsorientierten Modell von Suizidalität. Der Suizid wird demnach nicht als eine Krankheit, sondern als eine zielorientierte Handlung betrachtet, die für den suizidalen Menschen Sinn macht (Michel & Valach 1997). Das bedeutet, dass das persönliche Ziel, nichts mehr zu spüren und tot zu sein, im Vordergrund steht. Und um dieses Ziel zu erreichen, muss die suizidale Handlung durchgeführt werden.

Menschen, die längere Zeit unerträgliche Gedanken oder extreme seelische Schmerzen erleben, sehen sich in ihrer Existenz bedroht. Das eigene Selbst wird als unerträglich erlebt. Michel (2004) zitiert dazu einen seiner Patienten, der sich in einer suizidalen Krise befindet: »In meinem Kopf ist die Hölle los. Ich begreife nichts mehr. Habe unheimliche Angst. Mein Körper zittert. Habe Selbstmordgedanken. Wenn das nicht sofort aufhört und ich nicht wieder voll da bin, mache ich Schluss. Bitte helfen Sie mir.« In dieser unerträglichen Situation, die für den suizidalen Menschen als nicht bewältigbar erlebt wird, bleibt schließlich nur noch die Flucht vor dem eigenen Selbst (Baumeister 1990). Die suizidale Handlung erscheint dann als Erlösung oder Befreiung von diesem negativ und bedrohlich erlebten Zustand.

Der suizidale Mensch wird vor diesem Hintergrund der Experte seiner Suizidalität, weil nur er selbst Auskunft darüber geben kann, was in ihm vorgeht und was er in seinem Inneren durchmacht. Mit dem SSF II wird diese Expertise des suizidalen Menschen genutzt, um ein differenzierteres Bild über seine akute Suizidgefährdung zu erhalten.

Die Pflegefachperson versucht gemeinsam mit der Patientin, dem Patienten zu verstehen, was in ihr oder ihm vorgeht. In diesem Sinn ist der SSF II nicht nur ein Instrument zur Einschätzung der akuten Suizidgefährdung. In erster Linie kann durch die partnerschaftliche Vorgehensweise und das gemeinsame Verstehen eine Beziehung zum suizidalen Menschen hergestellt werden, die eine sichere Grundlage für eine weitere Zusammenarbeit bietet (Jobes 2006). Daneben wird auch das Ziel verfolgt, die mit dem SSF II erhobenen Daten in die individuelle Behandlungsplanung einzubeziehen. Beispielsweise kann die Information, dass Suizidgedanken mit negativen Gedanken und Gefühlen gegenüber der eigenen Person zusammenhängen, dazu verwendet werden, eine andere Sicht auf die eigene Person zu entwickeln.

Bei der Anwendung des SSF II sitzt die Pflegefachperson direkt neben dem Patienten und erläutert die einzelnen Bereiche, in denen dieser eine strukturierte Beurteilung vornehmen soll. Ausgefüllt wird der Bogen von dem Patienten selbst. Grundsätzlich soll immer dieselbe Pflegefachperson mit einem Patienten mit dem SSF II arbeiten, damit eine kontinuierliche und dauerhafte Beziehung entstehen und gepflegt werden kann.

Eine Selbstbeurteilung mit dem SSF II kann mehrmals durchgeführt werden, sodass sich auch ein Behandlungsverlauf abbilden lässt. Eine Anwendung in kurz aufeinanderfolgenden Intervallen empfiehlt sich nicht, am besten spricht man die Zeiträume mit dem Patienten selbst ab (siehe Monitoring, S. 56f.). Bei den meisten Patientinnen und Patienten wird der SSF II zweimal während des stationären Aufenthalts verwendet (meist bei Aufnahme und vor der Entlassung).

Die Pflegefachperson sollte ausreichend Zeit (35–50 Minuten) für das strukturierte Gespräch über die Suizidalität mit dem SSF II einplanen und sich darauf vorbereiten. Sich vorzubereiten ist notwendig, um ein empathisches und dem Patienten, der Patientin, zugewandtes Gespräch führen zu können (im Gegensatz zu einer Abfrage wie in einem Interview). So ist es sinnvoll, die Anwendung des SSF II zu üben, um auf Fragen eingehen zu können oder um anhand von Beispielen die einzelnen Bereiche des SSF II besser erklären zu können. Ein weiterer Punkt, der vorbereitet werden muss, ist der Gesprächseinstieg. Zwei Beispiele mit unterschiedlichen Anknüpfungspunkten illustrieren, wie ein guter Gesprächseinstieg aussehen kann.

Beispiel **Varianten zur Einleitung eines strukturierten Gesprächs über die Suizidalität mit dem SSF II**

Variante 1 → Herr Kramer, im Rahmen unseres Aufnahmegesprächs haben wir eine Einschätzung Ihres Suizidrisikos vorgenommen. Aufgrund des Vorliegens einiger Risikofaktoren und unseres Gefühls glauben wir, dass bei Ihnen ein erhöhtes Risiko dafür besteht, dass Sie sich etwas antun könnten. In diesem Zusammenhang würde ich mich gerne näher mit Ihnen über dieses Thema unterhalten. Sind Sie damit einverstanden, dass wir gemeinsam diesen Bogen hier durchgehen? Es geht darum, dass ich besser verstehen kann, was in Ihnen vorgeht.«

Variante 2 → »Frau Löffler, Sie haben beim Aufnahmegespräch davon berichtet, dass es Ihnen nicht so gut geht und dass Sie gelegentlich Suizidgedanken haben. Deshalb würde ich gerne mit Ihnen gemeinsam eine gründlichere Einschätzung Ihres Befindens vornehmen. Ist es für Sie in Ordnung, wenn wir gemeinsam diesen Bogen durchgehen?
Dieser Bogen soll für Sie und für mich zu einem besseren Verständnis Ihres emotionalen Schmerzes beitragen, der dafür verantwortlich ist, dass Sie sich zurzeit so schlecht fühlen, dass Sie zurzeit Suizidgedanken haben. Während wir die einzelnen Punkte durchgehen, können Sie jederzeit Fragen stellen. Ich werde Ihnen dabei helfen, die einzelnen Kriterien zu bewerten, und ich werde vielleicht manche Fragen stellen. Ihre Antworten auf dieser Seite können Sie mitnehmen, damit Sie nach unserem Gespräch noch mal über Ihren Zustand nachdenken können. Meine Hoffnung ist, dass wir nach unserem Gespräch ein klares Bild davon haben, wie Sie sich in diesem Augenblick fühlen.«

Die einzelnen Kriterien des SSF II repräsentieren wichtige Bereiche, die häufig eine zentrale Rolle im Erleben von suizidalen Menschen spielen (MICHEL 2004; JOBES 2006). Dazu gehören: psychischer Schmerz, aktueller Stresszustand, Spannung und Erregung, Hoffnungslosigkeit, Selbstentwertung, allgemeine Einschätzung der Suizidgefährdung (siehe Abbildung 6, S. 50f. ⤓).

Psychischer Schmerz → Hierbei handelt es sich um das Konzept des seelischen Schmerzes, für das auch der englische Begriff »Psychache« geprägt wurde. Man geht davon aus, dass suizidale Handlungen immer dann stattfinden, wenn der seelische Schmerz eine individuelle Schwelle der Unerträglichkeit überschreitet.
Aktueller Stresszustand → Hier geht es meist um externe Belastungen und Anforderungen (Stressoren), die einen Menschen psychisch berühren. Dazu gehören Beziehungskonflikte oder andere mit Stress verbundene Ereignisse. Interne Stressoren können das Vorliegen von befehlenden Stimmen sein. Ein aktueller Stresszustand ist mit überwältigenden Gefühlen verbunden und der Wahrnehmung, überlastet oder überwältigt zu sein.
Kennzeichnende Gedanken und Aussagen können sein: »Ich komme nicht mehr klar«, »Mir ist das alles zu viel«.
Innere Spannung und Erregung → Wenn ein Mensch emotional aufgewühlt, beunruhigt und besorgt ist, neigt er zu impulsiven, unüberlegten Handlungen; er möchte irgendetwas tun, damit sich seine gegenwärtige unerträgliche Situation ändert. Zusammenfassend gesagt geht es hier um das Bestehen eines Handlungsdrucks.
Kennzeichnende Gedanken und Aussagen können sein: »Es muss möglichst schnell etwas passieren«, »Ich muss jetzt irgendetwas tun«, »Das muss endlich aufhören«.
Hoffnungslosigkeit → Hoffnungsvoll über die Zukunft nachzudenken ist ein protektiver Faktor gegen Suizid. Dagegen ist das subjektive Erleben von Hoffnungslosigkeit eng mit suizidalen Handlungen verbunden.
Selbsthass → Selbsthass kann ein sehr starkes Motiv für einen Suizid sein. Die negative Sicht auf das eigene Selbst, die Ablehnung der eigenen Person, kann so stark sein, dass nur noch die Flucht vor dem eigenen Selbst durch einen Suizid als Ausweg bleibt.
Allgemeine Einschätzung der Suizidgefährdung → Gibt es aus der Sicht des Patienten, der Patientin, ein klares, akutes Suizidrisiko? Besteht eine starke Absicht, ein starker Wunsch, Suizid zu begehen?
Kennzeichnende Gedanken und Aussagen können sein:
Die Patientin beurteilt jeweils auf einer 5-Punkte-Skala (1 = geringste Ausprägung, 5 = höchste Ausprägung), was in ihrem Inneren vorgeht. Beispielsweise kann sie eine Angabe dazu machen, ob sie psychischen Schmerz erlebt oder nicht (1 = niedriger psychischer Schmerz bis 5 = ho-

Abbildung 6 **Suicide Status Form II, Teil A**

Patientin, Patient und Gesundheitsfachperson gemeinsam!

Rang Geben Sie bei jeder Frage an, wie Sie sich jetzt fühlen (zutreffende Zahl bitte einkreisen). Ordnen Sie nachher in der linken Spalte die Fragen entsprechend der Wichtigkeit, die Sie ihnen zuordnen. Dabei steht 1 für die wichtigste und 5 für die unwichtigste Frage.

Beurteilen Sie den psychischen Schmerz (Gefühl der Verletzung, des Leids, des Elends, nicht jedoch Anspannung und Stress oder körperlichen Schmerz):

niedriger psychischer Schmerz **1 2 3 4 5** hoher psychischer Schmerz

Ich finde psychisch am schmerzhaftesten:

Beurteilen Sie das Ausmaß des aktuellen Stresszustandes (Ihr allgemeines Gefühl, unter Druck zu stehen, von etwas überwältigt zu sein, u. Ä.):

niedriger innerer Stresszustand **1 2 3 4 5** hoher innerer Stresszustand

Für mich ist am meisten mit Stress verbunden:

Beurteilen Sie innere Spannung und Erregung (bedrängende Gefühlsinhalte, das Gefühl, Sie müssten irgendetwas – ohne zu wissen, was – tun; nicht jedoch Verärgerung, nicht »Verleider«):

niedrige Erregung **1 2 3 4 5** hohe Erregung

Ich habe am ehesten das Bedürfnis, etwas zu tun, um diesem Erregungszustand ein Ende zu setzen, wenn

Beurteilen Sie die Hoffnungslosigkeit (Ihre Erwartung, dass sich die Dinge nicht bessern, ganz egal, was Sie machen werden):

wenig Hoffnungslosigkeit **1 2 3 4 5** viel Hoffnungslosigkeit

Ich bin am hoffnungslosesten in Bezug auf:

Beurteilen Sie die Selbstentwertung, den Selbsthass (Ihr allgemeines Gefühl, sich selbst nicht zu mögen, keinen Selbstwert zu haben, sich selbst nicht zu respektieren):

wenig Selbstentwertung **1 2 3 4 5** viel Selbstentwertung

Was ich an mir am meisten ablehne, ist:

Allgemeine Einschätzung der Suizidgefährdung:

extrem niedrig (werde mich nicht umbringen)	**1 2 3 4 5**	extrem hoch (werde mich umbringen)

Inwiefern sind Ihre Suizidgedanken abhängig von Gefühlen und Gedanken über sich selbst?

überhaupt nicht **1 2 3 4 5** völlig

Inwiefern sind Ihre Suizidgedanken abhängig von Gefühlen oder Gedanken anderen gegenüber?

überhaupt nicht **1 2 3 4 5** völlig

Bitte schreiben Sie im Folgenden möglichst viele Gründe oder Motive auf, warum Sie leben oder warum Sie sterben wollen. Bitte ordnen Sie dann die einzelnen Gründe entsprechend ihrer Wichtigkeit von 1–5 in der Spalte »Rang«.

Rang	Gründe oder Motive, die für das Leben sprechen	**Rang**	Gründe oder Motive, die für den Tod sprechen

Mein Wunsch zu leben ist:

überhaupt nicht vorhanden : **1 2 3 4 5 6 7 8** : ganz besonders stark

Mein Wunsch zu sterben ist:

überhaupt nicht vorhanden : **1 2 3 4 5 6 7 8** : ganz besonders stark

Das, was mir am meisten helfen würde, nicht mehr an Suizid zu denken, wäre:

her psychischer Schmerz). Zusätzlich hat die Patientin die Möglichkeit, für jeden einzelnen Bereich einen qualitativen Aspekt hinzuzufügen. Zum Beispiel kann der Satzbaustein »Ich finde psychisch am schmerzhaftesten« mit Angaben der Patientin ergänzt werden. Am Ende der Selbstbeurteilung kann die Patientin eine Rangfolge der sechs Bereiche erstellen, um kenntlich zu machen, welcher Bereich für sie aktuell im Vordergrund steht.

Weitere Bestandteile des Instruments sind zwei Fragen dazu, auf was sich die Suizidgedanken der Patientin, des Patienten konkret beziehen, und eine Vorlage zum Aufschreiben von Gründen bzw. Motiven für und gegen das Leben. Auch hier kann eine Rangfolge erstellt werden, welche Gründe für die Person im Vordergrund stehen.

Zwei Fragen zum Erfassen der möglicherweise ambivalenten Haltung gegenüber Leben und Tod sowie eine offene Frage zu möglichen Bewältigungsstrategien (»Das, was mir am meisten helfen würde, nicht mehr an Suizid zu denken, wäre …«) schließen den Fragebogen ab.

Im Gegensatz zu anderen Instrumenten zur Einschätzung der Suizidgefährdung gibt es für den SSF II kein Summenergebnis mit einem spezifischen Interpretationsschema wie beispielsweise bei der NGASR-Skala. Letztlich muss nicht nur der von der Patientin, dem Patienten ausgefüllte SSF-II-Bogen, sondern der Verlauf des gesamten strukturierten Gesprächs interpretiert werden.

Dennoch können die folgenden wichtigen Hinweise zur Beurteilung des Schweregrads der Suizidgefährdung auf der Basis der SSF-II-Beurteilungen durch den Patienten gegeben werden (Jobes 2006):

- Besonders wichtig für die Beurteilung der Suizidgefährdung sind die ersten drei Kriterien. Wenn hier ein 5-5-5-Rating vorliegt, d. h. wenn psychischer Schmerz, der aktuelle Stresszustand und Spannung und Erregung vom Patienten mit dem Höchstwert beurteilt wurden, bedeutet dies großen Leidensdruck, Überforderung und gleichzeitig Handlungsdruck (»Es muss etwas passieren«). Hier muss grundsätzlich von einer klaren und eindeutigen Suizidgefährdung ausgegangen werden. Das oberste Ziel ist, den Patienten in mindestens einem der drei Bereiche auf ein niedrigeres Niveau zu bekommen. Das bedeutet, wenn es gelingt, den psychischen Schmerz oder die Zahl der Stressoren zu verringern, kann das Potenzial für eine suizidale Handlung signifikant verringert werden.

- Hohe Beurteilungen der Kriterien Hoffnungslosigkeit oder Selbstentwertung gehen ebenfalls mit einem erhöhten Suizidrisiko einher, vor allem dann, wenn noch eine starke Suizidabsicht bei der allgemeinen Einschätzung der Suizidgefährdung oder ein 5-5-5-Rating der ersten drei Bereiche hinzukommt.
- Wenn mehr Gründe für den Tod als für das Leben genannt werden, muss von einer erhöhten Suizidgefährdung ausgegangen werden.
- Die Ratings zu den ersten fünf Bereichen sollten auch in Beziehung zu den »Suizidabsichten« (unter »Allgemeine Einschätzung der Suizidgefährdung«) und zu den »Gründen, die für das Leben sprechen« gesetzt werden. Unter Umständen kann dann eine Suizidgefährdung relativiert werden, zum Beispiel wenn viele Gründe genannt werden, die für das Leben sprechen, oder wenn keine starke Suizidabsicht vorliegt.

Mit der Nutzung des »Suicide Status Form II«-Bogens werden drei wesentliche Ziele verfolgt:

- **eine vertiefte und differenzierte Beurteilung der akuten Suizidgefährdung, indem ein Verständnis für das subjektive Erleben der Patientin, des Patienten entwickelt wird;**
- **der Aufbau einer stabilen, verlässlichen Beziehung zum suizidalen Menschen;**
- **die Gewinnung von Informationen, die für weitere individuelle Maßnahmen zur Suizidprävention hilfreich sind, beispielsweise für das Erstellen von Notfall- oder Krisenplänen oder die Teilnahme an einem Skillstraining.**

Beispiel **Strukturierte Einschätzung der akuten Suizidalität mit dem Suicide Status Form II (SSF II)**

Die Bezugspflegeperson von Frau Schanz sprach mit ihr in einem 45 Minuten dauernden Gespräch den SSF-II-Bogen durch (siehe Abbildung 7). Frau Schanz gab an, dass psychischer Schmerz, innerer Stress, Anspannung und Hoffnungslosigkeit in hoher Ausprägung bei ihr vorhanden seien. Dabei fiel ihr jedoch sofort auf, dass diese Kriterien vor allem mit dem »Hören von Stimmen« in Verbindung standen. Am meisten überrascht war Frau Schanz darüber, dass sie eigentlich viel mehr Gründe hatte zu leben (fünf) als zu sterben (einen: Stimmen hören).

Abbildung 7 **Der von Frau Schanz ausgefüllte SSF-II-Fragebogen**

Patientin, Patient und Gesundheitsfachperson gemeinsam!

Rang Geben Sie bei jeder Frage an, wie Sie sich jetzt fühlen (zutreffende Zahl bitte einkreisen). Ordnen Sie nachher in der linken Spalte die Fragen entsprechend der Wichtigkeit, die Sie ihnen zuordnen. Dabei steht 1 für die wichtigste und 5 für die unwichtigste Frage.

1 Beurteilen Sie den psychischen Schmerz (Gefühl der Verletzung, des Leids, des Elends, nicht jedoch Anspannung und Stress oder körperlichen Schmerz):

niedriger psychischer Schmerz **1 2 3 4 (5)** hoher psychischer Schmerz

Ich finde psychisch am schmerzhaftesten: **Was mir die imperativen Gedanken sagen**

3 Beurteilen Sie das Ausmaß des aktuellen Stresszustandes (Ihr allgemeines Gefühl, unter Druck zu stehen, von etwas überwältigt zu sein, u. Ä.):

niedriger innerer Stresszustand **1 2 3 4 (5)** hoher innerer Stresszustand

Für mich ist am meisten mit Stress verbunden: **Wenn die Gedanken Androhungen machen**

2 Beurteilen Sie innere Spannung und Erregung (bedrängende Gefühlsinhalte, das Gefühl, Sie müssten irgendetwas – ohne zu wissen, was – tun; nicht jedoch Verärgerung, nicht »Verleider«):

niedrige Erregung **1 2 3 4 (5)** hohe Erregung

Ich habe am ehesten das Bedürfnis, etwas zu tun, um diesem Erregungszustand ein Ende zu setzen, wenn: **wenn der Erregungszustand bereits hoch ist**

4 Beurteilen Sie die Hoffnungslosigkeit (Ihre Erwartung, dass sich die Dinge nicht bessern, ganz egal, was Sie machen werden):

wenig Hoffnungslosigkeit **1 2 3 (4) 5** viel Hoffnungslosigkeit

Ich bin am hoffnungslosesten in Bezug auf: **normales Leben, ohne dass diese Gedanken alles vermiesen**

5 Beurteilen Sie die Selbstentwertung, den Selbsthass (Ihr allgemeines Gefühl, sich selbst nicht zu mögen, keinen Selbstwert zu haben, sich selbst nicht zu respektieren):

wenig Selbstentwertung **1 2 (3) 4 5** viel Selbstentwertung

Was ich an mir am meisten ablehne, ist: Nicht so kommunikativ zu sein / Meine Gedanken

Allgemeine Einschätzung der Suizidgefährdung:

extrem niedrig (werde mich nicht umbringen) **(1) 2 3 4 5** extrem hoch (werde mich umbringen)

Inwiefern sind Ihre Suizidgedanken abhängig von Gefühlen und Gedanken über sich selbst?

überhaupt nicht **1 2 3 (4) 5** völlig

Inwiefern sind Ihre Suizidgedanken abhängig von Gefühlen oder Gedanken anderen gegenüber?

überhaupt nicht **(1) 2 3 4 5** völlig

Bitte schreiben Sie im Folgenden möglichst viele Gründe oder Motive auf, warum Sie leben oder warum Sie sterben wollen. Bitte ordnen Sie dann die einzelnen Gründe entsprechend ihrer Wichtigkeit von 1–5 in der Spalte »Rang«.

Rang	Gründe oder Motive, die für das Leben sprechen	Rang	Gründe oder Motive, die für den Tod sprechen
2	Eine Quelle in mir, welche leben will	1	Wenn die imperativen Gedanken bleiben
5	Habe mehrere Ziele		
3	Familie / Umfeld, welches ich gerne habe		
4	Bin geboren zum Leben		
1	Hoffnung einmal Freude zu genießen		

Mein Wunsch zu leben ist:

überhaupt nicht vorhanden : **1 2 3 4 5 6 (7) 8** : ganz besonders stark

Mein Wunsch zu sterben ist:

überhaupt nicht vorhanden : **1 2 3 (4) 5 6 7 8** : ganz besonders stark

Das, was mir am meisten helfen würde, nicht mehr an Suizid zu denken, wäre:

wieder mein Leben aufzunehmen ohne imperative Gedanken

Frau Schanz äußerte in diesem Zusammenhang weiterhin, dass sie die Gründe, die für das Leben sprechen, aufschreiben und in ihrem Zimmer aufhängen könnte, um sie immer wieder zu lesen. Die allgemeine Suizidgefährdung wurde von Frau Schanz am Ende als »extrem niedrig« angegeben. Die gemeinsame Einschätzung mit der Bezugspflegeperson wurde von der Patientin als »klärend« erlebt. Sie berichtete, dass sie »besser beurteilen könne, was in ihr vorgeht«, und ihr dieses Verständnis beim Umgang mit ihrer Suizidalität geholfen habe.
Die Bezugspflegeperson hatte nach dem Gespräch den Eindruck, eine stabile und verlässliche Beziehung zur Patientin aufgebaut zu haben. Sie relativierte die Einschätzung »hohes Risiko« auf »mäßiges Risiko« und kümmerte sich um das Öffnen der Stationstür.
Das Suizidrisiko wurde von der Bezugspflegeperson relativiert, weil Frau Schanz nur einen Grund nannte, zu sterben (Stimmen hören), und fünf Gründe, um zu leben. Außerdem verneinte Frau Schanz bei Frage sechs eine starke Absicht, sterben zu wollen. Weiterhin waren bei ihr keine ambivalenten Tendenzen erkennbar; die Antworten auf die Fragen nach dem Wunsch zu sterben und dem Wunsch zu leben wurden jeweils sehr klar beantwortet und ähnelten sich nicht.

Monitoring

Bei akut suizidgefährdeten Patientinnen und Patienten muss eine regelmäßige Risikoeinschätzung in festgelegten Intervallen vorgenommen und dokumentiert werden. Die Zeitintervalle sollten nicht zu kurz sein, damit suizidale Menschen nicht ständig nach ihrer Suizidalität befragt werden. Am besten ist es, wenn die Zeitintervalle gemeinsam mit dem Patienten festgelegt werden können. Zur Stärkung der therapeutischen Beziehung sollte auch immer dieselbe Pflegefachperson die Verantwortung für das Einschätzen der Suizidgefährdung übernehmen. Das Monitoring der Suizidgefährdung sollte nicht zu umfangreich sein und nicht zu lange dauern.
Ein Monitoring der akuten Suizidgefährdung kann durch ein kurzes Gespräch erfolgen, in dem nach Suizidgedanken, Suizidabsichten und dem aktuellen Befinden gefragt wird (siehe Fokusassessment).
Es ist auch denkbar, die Frage zur allgemeinen Einschätzung der Suizidgefährdung oder andere Kriterien des SSF-II-Bogens, beispielsweise die Hoffnungslosigkeit, beurteilen zu lassen. Zusätzlich kann die Gesundheitsfachperson für sich eine subjektive Einschätzung der aktuel-

len Suizidgefährdung vornehmen, zum Beispiel mit der NGASR-Skala (siehe S. 35).
Bei stark suizidgefährdeten Menschen ist unter Umständen eine intensive Betreuung und Überwachung notwendig. Dann werden im stationären Kontext über einen begrenzten Zeitraum häufige oder konstante Einzelkontakte (1:1-Begleitung) angeboten (siehe S. 83 f.).
Für diese spezifische Situation wurde die Suicidal Patient Observation Chart (SPOC) von BJÖRKDAHL u.a. (2011) entwickelt, mit dem suizidale Patienten während der Intensivbetreuung strukturiert beobachtet und beurteilt werden können. Dadurch können wichtige Informationen gewonnen und dokumentiert werden, die bedeutsam für eine Entscheidung im Team oder gemeinsam mit dem Patienten über das Aufheben oder Fortführen der Intensivbetreuung sind. Außerdem bietet das Instrument Anhaltspunkte für die Gespräche mit dem Patienten während der Intensivbetreuung, was das Herstellen einer Beziehung zu ihm erleichtert und fördert. SPOC liegt in einer deutschen Version mit 28 Kriterien vor (LÖHR u.a. 2013).
SPOC ist tabellarisch aufgebaut und sollte in dieser Reihenfolge ausgefüllt werden (siehe Abbildung 8):

1. Name des Patienten eintragen;
2. Datum eintragen;
3. Name der Person eintragen, die für die Intensivbetreuung zuständig ist;
4. Beginn und Ende der Intensivbetreuung eintragen.

In den einzelnen Feldern sind verschiedene Phänomene aufgeführt, die beobachtet werden können oder die von Patienten im Gespräch häufig geäußert werden. Mit einem »X« kann dokumentiert werden, welche Phänomene während der Intensivbetreuung festgestellt wurden. Am Ende stehen zwei leere Felder zur Verfügung, um gegebenenfalls weitere Phänomene als Freitext hinzuzufügen und zu dokumentieren.

Abbildung 8 **Suicidal Patient Observation Chart**
(SPOC; deutsche Version LÖHR u. a. 2013)

Patient:

Name der Pflegeperson:

Datum:

Start Intensivbetreuung:

Stop Intensivbetreuung:

SPOC – Suicidal Patient Observation Chart		**Bemerkung**
Traurig, niedergeschlagen, deprimiert	☐	
Hoffnungslosigkeit, Verzweiflung	☐	
Hoffnungsvoll, plant für die Zukunft	☐	
Unruhig, ängstlich	☐	
Schuldgefühle, schamhaft	☐	
Wütend, irritiert	☐	
Aggressiv, feindlich	☐	
Ruhig	☐	
Zurückgezogen, gedanklich abwesend, isoliert	☐	
Psychischer Schmerz / Leidensdruck	☐	
Misstrauisch	☐	
Verzerrte Realitätswahrnehmung, psychotisch	☐	
Verwirrt	☐	
Befehlende, imperative Stimmen	☐	
Sowohl gehobene als auch gedrückte Stimmung	☐	
Plötzliche Veränderung der Stimmungslage (Affektlabilität)	☐	
Impulsivität, impulsive Handlungen	☐	
Motorische Unruhe	☐	
Körperliche Beschwerden / Schmerzen	☐	
Todes-, Suizidwunsch oder -gedanken	☐	
Suizidpläne oder -vorbereitungen	☐	
Selbstverletzendes Verhalten, Suizidversuch	☐	
Erledigt praktische und / oder persönliche Angelegenheiten	☐	
Konflikt mit Mitarbeitern, Personal, anderen	☐	
Aktivitäten (außerhalb des Zimmers)	☐	
Isst und / oder trinkt	☐	
Kümmert sich um persönliche Hygiene	☐	
Schläft	☐	
	☐	

Verhaltensbeobachtung zur Erkennung von Warnzeichen

Als ein letzter wichtiger Punkt zur vertieften Einschätzung der Suizidgefährdung ist die Verhaltensbeobachtung des Patienten zu nennen. Hierbei geht es um die Sensibilisierung für auffällige Verhaltensweisen und Warnzeichen (RUDD 2006b), die im Zusammenhang mit einem bevorstehenden Suizid stehen könnten. Beispiele sind (nach SCHÄDLE-DEININGER & VILLINGER 1996):

- jemand verschenkt sehr persönliche Dinge;
- jemand ist nach Zeiten heftiger emotionaler Turbulenzen ganz ruhig und gelassen (»Ruhe vor dem Sturm«);
- jemand vernachlässigt Dinge, die ihm vorher besonders wichtig waren;
- jemand zeigt überraschende Verhaltensänderungen ohne ersichtlichen Grund;
- jemand macht sein Testament.

Dokumentation

Die Dokumentation der Risikobeurteilung gehört zur Einschätzung des Suizidrisikos eines Patienten, einer Patientin, dazu. Die Dokumentation ist nicht nur für die Kolleginnen und Kollegen hilfreich, die Dokumentation des Einschätzungsprozesses ist auch der Nachweis, dass eine professionelle Einschätzung der Suizidgefährdung vorgenommen worden ist. Das kann wichtig werden, wenn ein Suizidversuch oder Suizid unternommen wurde. Grundsätzlich besteht eine »Pflicht zur Abwendung der Gefahren, die bei einem suizidgefährdeten Menschen durch sich selbst bestehen, [...] allerdings nur im Rahmen des Erforderlichen und des für das Krankenhauspersonal und den Betroffenen Zumutbaren« (MARSCHNER 2009, S. 61). Es ist einer Pflegefachperson grundsätzlich erlaubt, dass sie sich irrt. Eine Sicherheit, dass jede suizidale Handlung vorher erkannt und verhindert werden kann, gibt es nicht (vgl. das therapeutische Milieu, S. 90 ff.). Eine Pflegefachperson sollte aber nachweisen können, dass sie eine professionelle Einschätzung nach dem aktuellen Stand des Wissens vorgenommen hat.

Aus der Dokumentation muss hervorgehen, welche Gründe zu einer bestimmten Beurteilung der Suizidgefährdung geführt haben und welche Handlungskonsequenzen daraus abgeleitet wurden (EBNER & LEHLE 2005).

Die folgenden Formulierungen sind problematisch und sollten in der Dokumentation vermieden werden (GYSIN-MAILLART & MICHEL 2013, S. 72):

»Latent suizidal« → Besser ist zum Beispiel: »Patient berichtet von Suizidgedanken. Die Suizidgedanken sind unspezifisch, ohne konkrete Vorstellungen zu einer Suizidmethode. Das akute Suizidrisiko wird als gering beurteilt, muss aber im weiteren Verlauf erneut eingeschätzt werden.«

»Sich glaubhaft von Suizid distanzieren« → Besser ist zum Beispiel: »Der Patient berichtet von Suizidgedanken, die ungefähr zweimal täglich auftreten. Dazu kommen Überlegungen zu einer konkreten Suizidmethode (von der Stadtbrücke springen). Der Patient berichtet im Gespräch, dass er sich momentan von einer suizidalen Handlung distanzieren kann, da er sich in der Klinik nichts antun würde.«

»Absprachefähig« → Besser ist zum Beispiel: »Die Patientin hat versprochen, dass sie sich jederzeit bei Suizidgedanken oder -absichten an die Bezugsperson oder ein anderes Mitglied des Teams wendet. Im weiteren Verlauf muss diese Aussage wieder überprüft werden.«

»Appellativer Suizidversuch« → Die Formulierung sollte nicht verwendet werden, weil dadurch unter Umständen eine suizidale Handlung als »appellativ« = »manipulativ« interpretiert wird. Diese »Verharmlosung« kann dazu führen, dass die Gefahr eines Suizids unterschätzt wird.

»Nonsuizid-Versprechen« → Da es keine Hinweise dafür gibt, dass ein Nonsuizid-Versprechen einen Suizid verhindert (siehe Notfall- und Krisenintervention, S. 80 ff.), sollte besser auf eine schriftliche oder mündliche Vereinbarung, sich bei Suizidgedanken zu melden, zurückgegriffen werden.

Für die Darstellung der Gründe der Risikobeurteilung kann gut auf die Themen des strukturierten Gesprächs zur Einschätzung der Suizidalität zurückgegriffen werden: das Vorhandensein (oder Nicht-Vorhandensein) von früheren Suizidversuchen, aktuellen Suizidgedanken, -absichten und -plänen, Zugang zu möglichen Suizidmethoden, das aktuelle Befinden und protektive Faktoren (vgl. S. 41 ff.).

Beispiel Dokumentation zur Einschätzung der Suizidgefährdung

Frau Schanz gibt an, mehrmals täglich, ungefähr 4–5-mal über Suizid nachzudenken (Suizidgedanken). Sie sagt im Gespräch, dass sie sich in der Klinik nichts antun wird (Suizidabsichten). Frau Schanz hat keinen aktuellen Suizidplan (Suizidpläne) und hat auch noch nie einen Suizidversuch in der Vergangenheit unternommen (suizidales Verhalten in der Vergangenheit).

Während des strukturierten Gesprächs zur Suizidalität anhand des SSF-II-Bogens gab sie an, dass sie einen sehr großen psychischen Schmerz empfindet, weil sie befehlende Stimmen hört. Außerdem erklärte sie, dass sie sich aufgrund der Stimmen (aktuelles Befinden):

- aktuell überfordert fühlt;
- das Gefühl hat, dass sich schnell etwas an ihrer Situation ändern muss;
- sehr hoffnungslos ist.

Frau Schanz konnte insgesamt fünf persönliche Gründe benennen, für die es sich zu leben lohnt. Daneben steht nur das »Stimmenhören« für den Wunsch, tot zu sein. Frau Schanz beschreibt es als einen großen persönlichen »Aha-Effekt«, dass sie eigentlich so viele Gründe nennen kann, die für das Leben sprechen, u.a. Familie, Freunde und berufliche Ziele (protektive Faktoren).

Zu Hause hat Frau Schanz einen erleichterten Zugang zu Waffen, da sie zur Jagd geht (Zugang zu Suizidmethoden).

Aufgrund des Gesprächs mit Frau Schanz und der Einschätzung mit dem SSF-II-Bogen wird aktuell von einer mäßigen Suizidgefährdung ausgegangen, die jedoch regelmäßig überprüft werden muss (Risikobeurteilung).

Mit Frau Schanz wurden regelmäßige Bezugspflegegespräche vereinbart, in denen gemeinsam an Bewältigungsstrategien zum Umgang mit den Suizidgedanken und den Stimmen gearbeitet werden soll. Dabei soll auch ein Krisenplan entwickelt werden. Die »Stimmen« werden außerdem medikamentös behandelt. Im Team wurde vereinbart, dass die Stationstür wieder geöffnet wird. Spätestens vor der Entlassung muss mit Frau Schanz und ihrem Ehemann das Thema der Jagdwaffe besprochen und dokumentiert werden (abgeleitete Konsequenzen).

Abbildung 9 **Übersicht der Instrumente zur Einschätzung der Suizidgefährdung**

Screening
Bei allen Patientenaufnahmen

Ziel: Identifikation von suizidgefährdeten Patienten

Mögliche Vorgehensweise:
- Erfassen von Risikofaktoren (NGASR-Skala)
- Subjektive Beurteilung des Suizidrisikos (Vierstufige visuelle Ratingskala)
- Visualisierung des Wunsches zu sterben (PRISM-S)

Fokusassessment
Bei allen Patienten mit positivem Screening

Mögliche Vorgehensweise:
- Ausführliches Gespräch mit dem Patienten über Suizidgedanken, -absichten, -pläne, protektive Faktoren usw.
- Selbstbeurteilung des Patienten mit dem SSF II

Verhaltensbeobachtung zur Erkennung von Warnzeichen
Bei allen Patienten Sensibilisierung für auffällige Verhaltensweisen

Dokumentation der Risikobeurteilung
Transparente Darstellung der Gründe für die Risikobeurteilung mit abgeleiteten Handlungskonsequenzen

»Monitoring«
Bei allen suizidgefährdeten Patienten Überprüfung der akuten Suizidgefährdung in festgelegten Intervallen

Mögliche Vorgehensweise:
- Kurzes Gespräch über Suizidgedanken, -absichten, -pläne zur Abklärung
- Nutzung einzelner Skalen der SSF II z. B. zur allgemeinen Suizidgefährdung, zur Hoffnungslosigkeit

Bei Patienten mit Intensivbetreuung Nutzung von SPOC

Übersicht: Einschätzung der Suizidgefährdung

Eine evidenzbasierte Einschätzung der Suizidgefährdung sollte ein Screening beinhalten, um Patienten zu identifizieren, die suizidgefährdet sind. Um eine akute Suizidgefährdung zu bestätigen oder auszuschließen, muss nach einem positiven Screening ein Fokusassessment erfolgen. Eine ergänzende Komponente des Fokusassessments ist die Verhaltensbeobachtung.
Im Anschluss daran muss die Einschätzung der Suizidgefährdung transparent mit einer Begründung der Risikobeurteilung und daraus abgeleiteten Konsequenzen dokumentiert werden. Bei akuter Suizidalität muss die Suizidgefährdung regelmäßig in festgelegten Intervallen beurteilt werden.

Zielformulierung

Wenn die Pflegediagnose »Suizidgefährdung« bei einem Menschen gestellt wurde, ist der nächste Schritt des Pflegeprozesses die Zielformulierung. Ein »Ziel« ist ein definiertes Ergebnis (Outcome) für – im besten Fall – alle an der Behandlung beteiligten Personen: Patienten, Angehörige, Pflegepersonen, Ärzte, Psychologen usw. (LEONI-SCHEIBER 2004). Mit den in der Folge durchgeführten Interventionen soll der aktuelle Zustand im Sinne des Ergebnisses »positiv« beeinflusst werden. Eine Zielformulierung ist somit immer auch eine Definition des Qualitätsniveaus der Behandlung, das regelmäßig beurteilt (evaluiert) werden kann (KLEINPELL & GAWLINSKI 2005).
Ziele können als Nah- oder Fernziel formuliert werden. Fernziele sind übergeordnete Ziele, bei denen es nicht realistisch ist, dass sie sofort erreicht werden können. Das Fernziel kann aber zumeist über mehrere aufeinander aufbauende Nahziele Schritt für Schritt erreicht werden. Ein Nahziel bezieht sich auf einen kurzen, überschaubaren Zeitraum, der aber durchaus auch ein bis zwei Monate dauern kann (LEONI-SCHREIBER 2004, S. 109).
Darüber hinaus können Ziele nach ihrer Intention eingeteilt werden. Demnach gibt es Ziele zur Zustandserhaltung, zur Zustandsverbesserung und zur Zustandsverarbeitung (LEONI-SCHREIBER 2004, S. 110).
Grundsätzlich sollten Ziele gemeinsam mit den Patientinnen und Patienten entwickelt und formuliert werden, soweit das möglich ist. Dies

ermöglicht Orientierung in der gemeinsamen Zusammenarbeit und erhöht häufig die Bereitschaft der Patientin, des Patienten, eigenverantwortlich an der Behandlung teilzunehmen. Ziele sollten realistisch, beurteilbar und positiv formuliert sein. Das heißt, dass Ziele auch wirklich erreichbar sein sollten und nicht den Patienten überfordern. Beurteilbar bedeutet, dass es eindeutige Kriterien gibt, anhand derer die positiv formulierten Ziele überprüft werden können.

Beispiel Zielformulierung

Herr Mertens hat innerhalb der nächsten drei Tage einen individuellen Notfallplan, in dem wichtige Telefonnummern und mindestens fünf Dinge formuliert sind, die er selbst tun kann, um nicht mehr an Suizid denken zu müssen.

Exkurs **Nursing Outcomes Classification (NOC)**

Mit der Nursing Outcomes Classification (NOC; Moorhead u.a. 2013) liegt eine Klassifikation von anzustrebenden Ergebnissen bei den einzelnen Pflegediagnosen vor, die eine standardisierte Terminologie für die Zielformulierung bereitstellt. Die aktuelle Ausgabe bietet 385 mögliche Pflegeergebnisse in sieben Domänen und 29 Klassen.

Das Pflegeergebnis 1408 der NOC (Domäne III: Psychosoziale Gesundheit; Klasse O – Selbstkontrolle) trägt den Titel »Selbstbeherrschung von suizidalem Verhalten« und ist kompatibel mit der Pflegediagnose »Suizidgefährdung«. Die Definition zu diesem Pflegeergebnis lautet: »Fähigkeit, sich Handlungen und Versuchen zu enthalten, sich selbst zu töten«. Für dieses Pflegeergebnis stehen 14 Indikatoren zur Verfügung, die anhand einer fünfstufigen Skala (1 = nie demonstriert bis 5 = konsistent demonstriert) beurteilt werden können. Ein Beispiel dafür ist Indikator 1408010: »Teilt Suizidabsichten mit.« Die standardisierte Terminologie der NOC und die fünfstufige Skalierung ermöglicht eine detaillierte Evaluation, die vor allem hervorragend in elektronische Patientendokumentationssysteme integrierbar ist. Darüber hinaus können NOC-Ergebnisse einen sinnvollen Rahmen für eine effektive Zielformulierung gemeinsam mit dem Patienten darstellen.

Ziele sollten gemeinsam mit dem Patienten, der Patientin, entwickelt und formuliert werden. Sie sollten realistisch, beurteilbar und positiv sein.

Patientenbezogene Ziele können zur besseren Strukturierung Kategorien zugeordnet werden. In Anlehnung an Stefan u.a. (2009) werden nun die wichtigsten patientenbezogenen Ziele in den Teilbereichen Sicherheit, Motivation, Wissen und Fertigkeiten vorgestellt.

Sicherheit

- Die Patientin begeht keinen Suizidversuch oder Suizid.
- Die Patientin ist (auf der Station, in der Tagesklinik, in ihrem Umfeld) sozial integriert.
- Die Patientin hat keinen Zugang zu hochletalen Suizidmethoden.

Motivation

- Die Patientin teilt Suizidgedanken, Suizidabsichten und Suizidpläne mit, auch die Angst, suizidale Impulse nicht mehr selbst kontrollieren zu können.
- Die Patientin meldet sich, wenn sie nicht mehr weiß, wie sie mit Suizidgedanken und -absichten umgehen soll.
- Die Patientin spricht offen und ehrlich über ihr Erleben und ihre Gefühle.
- Die Patientin übernimmt selbst Verantwortung dafür, am Leben zu bleiben.
- Die Patientin macht aktiv mit, wenn mit ihr Bewältigungsmöglichkeiten besprochen und trainiert werden.
- Die Patientin ist bereit, mit alternativen Verhaltensweisen zu experimentieren und verschiedene Dinge zu ändern.

Wissen

- Die Patientin kennt Erklärungsmodelle für suizidales Verhalten, z.B. suizidaler Modus, Krisenmodell, Vulnerabilitäts-Stress-Modell.
- Die Patientin beschreibt auslösende Faktoren der suizidalen Krise.
- Die Patientin beschreibt, was der suizidalen Krise vorausgegangen ist: Emotionen, Gedanken, Verhalten, Körper, spezielle Ereignisse.
- Die Patientin beschreibt ihre persönlichen Handlungs- und Erlebensmuster, die der suizidalen Krise vorausgegangen sind.

- Die Patientin beschreibt ihre persönlichen Frühwarnzeichen für eine beginnende suizidale Krise.
- Die Patientin beschreibt alternative Entspannungs- und Bewältigungstechniken für eine suizidale Krise.

Fertigkeiten

- Die Patientin trainiert und wendet Entspannungs- und Bewältigungstechniken an.
- Die Patientin hat einen individuellen Notfall- und Krisenplan, der anwendbar ist und den sie getestet hat.
- Die Patientin hat Techniken zur Problemlösung trainiert und wendet sie an.
- Die Patientin hat Techniken zur sozialen Konfliktbewältigung trainiert und wendet sie an.

Interventionen

Doch welche Interventionen sind geeignet, diese Ziele zu erreichen, wenn der Sinn von allem infrage gestellt wird?

»Es gab keine Beziehung, die wichtig genug erschien, mich zu halten, keine Ziele, die ich erreichen konnte oder wollte. Das Gefühl, das mich damals ausfüllte, war ... grau ... kalt ... einsam ... hohl ... dumpf ... weit weg von allem .... Die Waage, die schon lange in meiner Vorstellung existierte und ständig die guten und die schlechten Erfahrungen gegeneinander aufwog, war schon lange nicht mehr im Lot und schien es auch noch nie gewesen zu sein [...]. Sehr schnell bin ich dann in solche Fantasien geschlittert: Wäre doch gut, wenn ich jetzt tot wäre – und ich malte mir aus, der Tod wäre ein Ort, an dem mir keiner mehr was anhaben könnte, nicht mal meine eigenen Gefühle. So bekamen Gedanken an den eigenen Tod sehr früh und immer sehr schnell viel Raum in meinem Repertoire an Lösungsmöglichkeiten im Alltag« (Link & Tilly 2009, S. 1 f.).

Die Schilderung von Anja Link wirft die Frage auf, welche Interventionen hilfreich sind, wenn jemand Ähnliches erlebt und durchmacht. Wie kann man Menschen, die in dieser Weise denken und fühlen, erreichen? Um was geht es konkret, wenn suizidale Menschen gepflegt werden? Was ist der Kern, was ist das Zentrale, das suizidalen Menschen hilft und ihnen eine echte Unterstützung bietet?

Zur Beantwortung dieser Fragen haben CUTCLIFFE u.a. (2006) eine empirisch entwickelte Theorie zur Pflege von suizidalen Menschen vorgelegt. Die Theorie wurde anhand von zwanzig Interviews mit Menschen erstellt, die einen Suizidversuch oder eine schwere suizidale Krise erlebt hatten, und bietet einen geeigneten Rahmen für den Umgang und die Begleitung von suizidalen Menschen in allen Settings der Gesundheitsversorgung.
Nach Cutcliffe geht es im Kern darum, den suizidalen Menschen wieder mit dem »Menschsein« zu verbinden. Dieser Prozess vollzieht sich in drei Phasen (vgl. Abbildung 10):
1. Phase: Ein Bild vom Menschsein widerspiegeln,
2. Phase: Den Menschen zurück zum Menschsein führen,
3. Phase: Lernen zu leben.

1. Phase: Ein Bild vom Menschsein widerspiegeln → Suizidale Menschen berichteten, dass ihnen eine Pflegeperson dabei half, die Verbindung zum Menschsein wiederherzustellen, weil ein empathischer, fürsorglicher Mensch eine zwischenmenschliche Beziehung anbot und Mensch-zu-Mensch-Kontakte erlebt werden konnten. Die Pflegeperson zeigte dem suizidalen Menschen, dass sie bereit war, zuzuhören, und begegnete ihm ohne Vorurteile und ohne über ihn zu urteilen. Der Kontakt zu einem anderen menschlichen Wesen war der erste Schritt für den suizidalen Menschen, um sich wieder mit dem existenziellen Gefühl, ein Mensch zu sein, zu verbinden.
2. Phase: Den Menschen zurück zum Menschsein führen → Der Kontakt zur Pflegeperson wurde von suizidalen Menschen als eine Begleitung zurück zum Menschsein erlebt. Die Pflegeperson half ihnen zu mehr Einsicht und Verständnis hinsichtlich der Umstände, die sie in die Krise geführt hatten. Gleichzeitig wurden lebensorientierte Überzeugungen erkannt, unterstützt und verstärkt.
3. Phase: Lernen zu leben: → In dieser Phase wird die Verbindung zum »Menschsein« gefestigt, indem die Pflegeperson den suizidalen Menschen unterstützt, seine suizidale Krise zu verstehen und ihr einen Sinn zu geben. Dadurch kann die suizidale Krise in die vergangene, gegenwärtige und zukünftige Lebensgestaltung integriert werden. Das ermöglicht dem suizidalen Menschen, wieder Lebensziele zu entwickeln, Hoffnung zu empfinden und mehr Kontrolle über das eigene Leben zu gewinnen.

Abbildung 10 **Empirische Theorie zur Pflege von suizidalen Menschen** (Cutcliffe u. a. 2006)

Der suizidale Mensch: Eine neue zwischenmenschliche, helfende Beziehung eingehen

Suizidale Konstrukte implizit infrage stellen	Präsuizidale, lebensorientierte Überzeugungen stützen und stärken	Im Kontext der existenziellen Beziehung zum Suizid weiterleben
Einen tragfähigen, empathischen, fürsorglichen Mensch-zu-Mensch-Kontakt erleben	Einsicht und Verständnis fördern	Der existenziellen Krise einen Platz schaffen in Vergangenheit, Gegenwart und Zukunft

Die Bezugspflege: Den Menschen wieder mit dem Menschsein verbinden

1. PHASE: Ein Bild vom Menschsein widerspiegeln	**2. PHASE:** Den Menschen zurück zum Menschsein führen	**3. PHASE:** Lernen zu leben

In der Begleitung von suizidalen Menschen geht es somit in Anlehnung an Cutcliffe im Wesentlichen um die folgenden Interventionsbereiche, die im nächsten Kapitel dargestellt werden: Aufbau einer (therapeutischen) Beziehung, Notfall- und Krisenintervention, Milieugestaltung, Wissensvermittlung, Entwickeln und Üben von Bewältigungsstrategien und Übergangsbegleitung.

Beziehung und Kommunikation

Das zentrale Element in der Begegnung mit suizidalen Menschen ist der Aufbau einer tragfähigen Beziehung: »Wenn Patienten danach gefragt werden, was sie gebraucht hätten, damit sie vor ihrem Suizidversuch mit jemandem hätten darüber sprechen können, dann antworten sie häufig: ›Ich hätte jemanden gebraucht, der zuhören kann und nicht Angst vor einem Gespräch über Suizidgedanken hat‹« (Michel 2002, S. 730).

Eine tragfähige Beziehung ist die Basis, um Patientinnen und Patienten bei der Bewältigung ihrer suizidalen Krise erfolgreich unterstützen zu können. Die Betroffenen benötigen während und nach der suizidalen Krise die Begegnung mit einem vertrauensvollen Menschen, um einen Weg zurück ins Leben und in die menschliche Gemeinschaft zu finden. Das Herstellen einer soliden Beziehung zum suizidalen Menschen ist so wichtig, dass dies gar nicht genug betont werden kann. Die besten therapeutischen Techniken sind wertlos, wenn vorher keine entsprechende Beziehung zum suizidalen Menschen aufgebaut werden konnte (RUDD 2006a, S. 19).

Ein Mensch erinnert sich nur dann an eine bedeutsame zwischenmenschliche Bindung, wenn er eine bedrohliche Situation erlebt hat, in der er sich auf eine »sichere Basis« verlassen konnte. Eine Pflegefachperson kann zu einer »sicheren Basis« für einen suizidalen Menschen werden, wenn dieser eine bedeutsame und lebensorientierte Beziehung zu dieser Person erlebt hat (BOWLBY 1998; GYSIN-MAILLART & MICHEL 2013).

SEAGER (2012, S. 333 f.) weist darauf hin, dass es letztlich um die Qualität der Beziehung und Bindung geht, die einem suizidalen Menschen die notwendige psychische Sicherheit vermittelt, um eine Krise zu bewältigen. Dabei kommt es vor allem darauf an, dass der suizidale Mensch:

- weiß, dass es mindestens einen anderen Menschen gibt, dem er zumindest ein gewisses Grundvertrauen (Bindung) entgegenbringen kann, zu dem ein regelmäßiger Kontakt besteht und der in einer Situation großer Bedürftigkeit rasch Unterstützung anbietet, der an einen denkt und der empathisch ist.
- sich mit einem anderen Menschen sozial verbunden fühlt und in dieser Verbundenheit ein Gefühl der Zugehörigkeit, Identität, gemeinsam geteilter Bedeutungen und gemeinsamer Intentionen entwickelt.

Eine solide und tragfähige Beziehung ist suizidpräventiv und stellt das wichtigste Element in der Begegnung mit einem suizidalen Menschen dar.

Der Aufbau einer tragfähigen und helfenden Beziehung zum suizidalen Menschen gelingt, wenn die Pflegefachperson der Patientin, dem Patienten, die folgenden Erfahrungen ermöglicht (BASSLER u.a. 1995; MICHEL 2010):

- Der Patient bekommt ausreichend Raum, über sich selbst zu sprechen.
- Der Patient erlebt, dass die Pflegeperson ihm wertfrei zuhört und ihm zugewandt ist.
- Der Patient erfährt Offenheit und Interesse an seinem inneren Erleben.
- Der Patient spürt, dass er verstanden wird, und er glaubt, dass ihm geholfen wird.
- Der Patient spürt, dass er mit der Pflegeperson einen »Verbündeten« an seiner Seite hat.
- Der Patient hat das Gefühl, dass an seinen Gesundheitsproblemen gearbeitet wird.
- Der Patient hat das Gefühl, dass er sich auf die Pflegeperson verlassen kann.

Wie kann eine Pflegefachperson nun konkret vorgehen, um gezielt die Voraussetzungen für den Aufbau einer soliden und tragfähigen Beziehung zu schaffen, in der sich eine suizidpräventive Wirkung entfalten kann?

Grundhaltung

Die Pflegefachperson fördert die zwischenmenschliche Beziehung zu einem suizidalen Menschen zunächst dadurch, dass sie eine beziehungsfördernde Grundhaltung einnimmt (SONNECK 2000, S. 179). Diese zeigt sich zum Beispiel in den folgenden Aussagen:

- Ich nehme den anderen an, wie er ist.
- Ich fange dort an, wo der andere steht.
- Ich zeige, dass ich mit dem anderen Kontakt aufnehmen will.
- Ich verzichte auf argumentierendes Diskutieren.
- Ich nehme die in mir ausgelösten Gefühle wahr (worauf weisen sie mich hin?).
- Ich verzichte auf das Anlegen eigener Wertmaßstäbe.
- Ich orientiere mich an den Bedürfnissen des Patienten.
- Ich arbeite an einem partnerschaftlichen Arbeitsbündnis und vermeide objektivierende Distanz.

Im Gegensatz dazu sollten die folgenden Verhaltensweisen unbedingt vermieden werden, da sie den Beziehungsaufbau stören oder ganz verhindern (Kulessa 1985, zitiert nach SONNECK 2000, S. 178):

- vorschnelle Tröstung (»Sie kommen da schon wieder raus«);
- Ermahnung (»Das machen Sie aber nicht wieder, Sie haben doch noch Ihr ganzes Leben vor sich«);
- Verallgemeinerung (»Partnerschaftsprobleme hat doch jeder mal gehabt«);
- Ratschlag (»Ziehen Sie doch um«);
- Belehrung (»Hätten Sie nicht früher zu uns kommen können?«);
- Herunterspielen des Problems (»Sie finden schon wieder einen neuen Partner«);
- Beurteilen und Kommentieren (»Bei Ihrer Lebensweise wundert mich das nicht«);
- Nachforschen, Ausfragen, Analysieren (»Wie war eigentlich das Verhältnis zu Ihrem Vater? Kann es sein, dass ...«);
- vorschnelle Aktivitäten entwickeln (»Kommen Sie, ich rufe gleich mal Ihre Freundin an«).

Beziehungsfördernde Kommunikationsstrategien

Eine respektvolle, partnerschaftliche Kommunikation zeigt sich nicht zuletzt in der Sprache. Im Folgenden werden einige Strategien beschrieben, die gelingende Kommunikation befördern. Dabei sind verschiedene Ansatzpunkte möglich, die Verständnis und Akzeptanz signalisieren, die Bereitschaft, zuzuhören, und dafür die Zeit zu haben, die nötig ist.

Die dazugehörigen Beispielsätze sollen die Richtung zeigen; es ist nicht notwendig, sie auswendig zu lernen. Was Sie sagen, sollten Sie auch meinen; Patienten merken, ob eine Pflegefachperson meint, was sie sagt, oder nicht. Es ist hilfreich, wenn Sie diese Technik vorher einmal in einer Fortbildung oder im Team ausprobieren und feststellen, wie sich durch die Art der Kommunikation ein Gespräch entwickeln lässt.

Die Sprache des suizidalen Menschen aufgreifen

Der Psychotherapeut Wolfram DORRMANN (2012, S. 48f.) beschreibt beziehungsfördernde Kommunikationsstrategien, die er erfolgreich bei suizidalen Menschen anwendet. Dazu gehört das Angleichen des eigenen Sprachstils an das sprachliche Repräsentationssystem des Patienten, der Patientin. Die Pflegeperson versucht, im Gespräch zu erkennen, mit welchem Repräsentationssystem der suizidale Mensch hauptsächlich kommuniziert, um dieses dann in den eigenen Formulierungen aufzugreifen. Wenn der Patient beispielsweise einen »visuellen« Begriff nutzt, verwendet die Pflegefachperson ebenfalls eine entsprechende Formulierung.

Die Sprache des suizidalen Menschen aufgreifen

(nach DORRMANN 2012, S. 49)

Repräsentationssystem	Äußerung des Patienten	Aufgreifen des Repräsentationssystems durch die Pflegeperson
Visuell	»Ich sehe keinen Sinn mehr.«	»Sie betrachten das als ...«
Auditiv	»Ich will einfach nur Ruhe.«	»Das klingt, als ob Sie ...«
Kinästhetisch	»Es ist unerträglich.« »Mich zieht das Wasser richtig an.«	»Sie sind da wohl wirklich in einer schwierigen Lage.« »Wann / wo spüren Sie dieses Ziehen?«
Olfaktorisch, gustativ	»Mir stinkt dieses Scheißleben einfach.«	»Es kann sein, dass einiges, was ich Ihnen jetzt sagen muss, nicht so ganz nach Ihrem Geschmack ist.«

Eine weitere Strategie kann darin bestehen, dass die Pflegefachperson ihren Sprachstil dem des suizidalen Menschen anpasst. Zum Beispiel kann er schnell oder langsam, überlegt oder spontan, flüssig oder abgehackt, monoton oder melodisch sprechen. Zusätzlich kann das nonverbale Verhalten des suizidalen Menschen beachtet und gespiegelt werden, indem die eigene Sitzhaltung und die eigenen Körperbewegungen angeglichen werden (DORRMANN 2012, S. 48 f.).

Sich dem Interaktionsstil des suizidalen Menschen anzupassen, kann beziehungsfördernd sein.

Die Sprache des Patienten, der Patientin, aufzugreifen, kann auch ganz wörtlich und in einem erweiterten Sinn bedeuten, eine fremde Sprache oder einen Dialekt zu benutzen, wenn die Bezugspflegeperson dieser mächtig ist. Im besten Fall wird schon bei der Auswahl der Bezugspflegeperson darauf geachtet werden, ob ein Teammitglied »die gleiche Sprache spricht«.

Akzeptanz signalisieren

Eine andere hilfreiche kommunikative Technik für den Beziehungsaufbau zu suizidalen Menschen stellen sogenannte akzeptanzorientierte Strategien dar. In der Dialektisch-Behavioralen Therapie (DBT) werden akzeptanzorientierte therapeutische Methoden als »Validierungsstrategien« bezeichnet.

Diese zielen darauf ab, dem Patienten zu vermitteln, dass seine Verhaltens- und Erlebensweisen aus seiner subjektiven Sicht heraus stimmig sind. Dadurch wird bei beim Patienten die Wahrnehmung verstärkt, dass die Pflegefachperson Verständnis für seine Situation aufbringt (»Die Bezugspflegeperson versteht mich, ich bin bei ihr gut aufgehoben«; Bohus & Wolf 2011, S. 24).

Eine validierende Gesprächsführung führt zum Aufbau von Vertrauen und stärkt die Selbstachtung der Patientin, des Patienten.

Validieren bedeutet nicht, dass die Meinungen und Sichtweisen der Patienten bedingungslos gutgeheißen oder übernommen werden müssen. »Ich kann gut nachvollziehen, dass Sie einen Suizid in Ihrer Situation als die letzte mögliche Lösung betrachtet haben« bedeutet nicht, dass dies eine sinnvolle Sichtweise oder die einzig mögliche Einstellung ist (ebd., S. 315).

Validiert werden können Gedanken, Gefühle, Handlungen, Meinungen, Wünsche, Anstrengungen, Beziehungen und Situationen (von anderen und der eigenen Person). Wie kann validiert werden? Es geht darum, sich in die Situation des anderen zu versetzen, aufmerksam zuzuhören, nachzufragen, etwas zurückzumelden, eine angemessene Körpersprache zu zeigen und unterstützend zu sein (ebd.).

Validierend kommunizieren (vgl. Bohus & Wolf 2011, S. 316 f.)

- Zeigen, dass man zuhört, ohne zu bewerten
- Sich selbst gegenüber aufmerksam sein
- Die Gefühle des anderen beschreiben, ohne zu bewerten
- Zusammenfassungen anbieten; klären, was gesagt worden ist
- Toleranz und Offenheit zeigen
- Ohne Vorurteile kommunizieren
- Achtsam sein und das Gegenüber beobachten
- Das Gegenüber als kompetent behandeln
- »Radikale Echtheit« zeigen

Beispiele:
Gedanken: → »Ich kann gut nachvollziehen, dass Sie dachten, Sie möchten nur noch tot sein ...«
Gefühle → »Ich sehe ein, dass Sie wütend sind, wenn Sie glauben, dass ...«
Handlungen → »Ich finde es verständlich, dass Sie in dieser für Sie schweren Situation Ihre ehemalige Freundin angerufen haben.«
Meinungen → »Ich kann gut verstehen, dass Sie die Meinung hatten, nur ein Suizid bleibt als Lösung, nachdem Sie erleben mussten, wie ...«
Wünsche → »Habe ich Sie richtig verstanden: Sie wären froh, wenn ich regelmäßig nach Ihnen schaue? Das gäbe Ihnen ein Gefühl von Sicherheit?«
Anstrengungen → »Ich finde, Sie haben sich bisher sehr bemüht, Ihren Impuls, Suizid zu begehen, zu kontrollieren. Vielleicht können Sie noch versuchen, sich etwas früher bei mir zu melden, bevor es Ihnen wieder so schlecht geht wie heute Vormittag.«
Beziehung → »Ich schätze sehr die gute Beziehung zu Ihnen, gerade deshalb möchte ich ...«
Situation → »Die Situation ist gerade ganz schön verfahren, vielleicht können wir später noch mal ...«

Das Gegenteil von Validieren ist Invalidieren. Damit ist ein Kommunikationsstil gemeint, bei dem das emotionale Erleben des anderen entwertet, nicht ernst genommen oder für falsch erklärt wird (»Das ist doch nicht so schlimm«; »Reiß dich mal zusammen«; »Was ist denn jetzt wieder los?«; »Wie können Sie nur so einen Quatsch machen?«). Weitere Beispiele für Invalidierung sind: Drohungen aussprechen, aggressiv sein, andere Personen ignorieren, Vorurteile und Kritik aussprechen, Missverständnisse nicht klären, darauf beharren, dass man Recht hat und der andere nicht (Bohus & Wolf 2011, S. 317).

Die DBT unterscheidet sechs spezifische Validierungstechniken (V1–V6), die auch für die Kommunikation mit suizidalen Menschen geeignet sind. V1, V2, V3 und V6 sind besonders für den Aufbau einer vertrauensvollen Beziehung geeignet (»Die Pflegeperson versteht mich, bei ihr bin ich richtig«). V4 etabliert eher die Pflegeperson in der Rolle des Experten, der einen Kontext zu persönlichen Erfahrungen, aktuellen Lebenssituationen oder einer Erkrankung herstellt (»Sie haben Ihren Partner verloren, sind verschuldet und haben vor Kurzem einen Suizidversuch unternommen, das bedeutet aus meiner Sicht, dass Sie Gefahr laufen, einen Suizid als Lösung Ihrer Schwierigkeiten zu betrachten«). V5 ist eine Strategie zur Förderung der Einsicht in die persönliche Situation, dadurch wird unter Umständen eine Veränderung im Denken oder Verhalten herbeigeführt (ebd., S. 26).

Die sechs Validierungsstrategien aus der DBT

(nach Bohus & Wolf 2011, S. 25; Leihener 2012)

Strategie	**Beispiel**
(V1) Ich lasse dich spüren, dass mich das interessiert.	Pflegeperson: »Das kann ich nachvollziehen.«
(V2) Ich spiegle dir, was bei mir angekommen ist.	Patientin: »Ich wollte nur noch sterben.« Pflegeperson: »Sie hatten den Wunsch, tot zu sein.« Patientin: »Genau, mein Wunsch war, tot zu sein.«
(V3) Ich verbalisiere etwas, das ich empathisch wahrgenommen habe, du aber nicht ausgesprochen hast.	Patientin: »Ich wollte nur noch sterben.« Pflegeperson: »Sie konnten gar keinen anderen Gedanken mehr fassen.«
(V4) Ich zeige im Kontext deiner Erfahrungen, deiner aktuellen Lebenssituation oder deiner Erkrankung Verständnis für dein Verhalten.	Patientin: »Ich wollte nur noch sterben.« Pflegeperson: »Nachdem Sie schon einmal erlebt hatten, dass ..., ist das nachvollziehbar.«
(V5) Ich mache die deinem aktuellen Verhalten zugrunde liegende Annahme deutlich.	Patientin: »Ich wollte nur noch sterben.« Pflegeperson: »Nun, wenn Sie angenommen haben, es gibt überhaupt keine Möglichkeit mehr für ..., dann ist klar, dass Sie nur diesen Weg sahen.«
(V6) Ich vermittle dir, dass dein Verhalten und deine Gefühle »ganz normal« sind, und reagiere authentisch.	Patientin: »Ich wollte nur noch sterben.« Pflegeperson: »Das ist eigentlich sehr verständlich, das hätte mir genauso gehen können.«

Dem suizidalen Menschen Raum geben

Frei u.a. (2012) haben mit einer Gesprächs- und Interaktionsanalyse von therapeutischen Gesprächen mit Menschen nach einem Suizidversuch herausgearbeitet, was einen gelingenden von einem misslingenden Beziehungsaufbau unterscheidet.
Ein wichtiges Kriterium war das Verhältnis der Redezeit der Therapeutin zur Redezeit der Patientin. Die als »schlecht« bewerteten Gespräche zeigten eine einseitige Gesprächsdominanz. Ungünstig war es sowohl, wenn die Therapeutin die meiste Redezeit beanspruchte, wie wenn sie sich passiv zurückzog und die Patientin fast die ganze Zeit reden ließ. Bei den Gesprächen mit einem gelingenden Beziehungsaufbau lag das Verhältnis der Redeanteile zwischen Therapeut und Patient ungefähr bei 2:5.

Dem Patienten Raum für die Entfaltung seiner eigenen Geschichte zu geben fördert den Beziehungsaufbau.

Bei einem gelingenden Beziehungsaufbau zeigte sich die Therapeutin während des ganzen Gesprächs verbal wie nonverbal aufmerksam zugewandt und kooperativ. Auffällige Missverständnisse kamen nicht vor, das Gespräch verlief weitgehend störungsfrei und flüssig. Aufkommende Missverständnisse wurden gemeinsam und sofort geklärt. Die Therapeutin reagierte immer vorhersehbar, angemessen und einfühlsam auf ihr Gesprächsgegenüber und ließ ihm genügend Zeit und Raum, um seine Geschichte zu erzählen, ohne jedoch ihm die Gesprächsführung zu überlassen.
Die Patientin wurde als die Expertin ihrer eigenen Geschichte angesehen und auch so behandelt. Dadurch wurde etwas Wichtiges gemeinsam hergestellt: das geteilte Verständnis der Geschichte der Patientin. Der Wert des Lebens wurde durch einen guten und positiv bewerteten Beziehungsaufbau im Hier und Jetzt betont.
In misslingenden Gesprächen wurde der Geschichte der Patientin dagegen nur wenig Raum zur Entfaltung gelassen. Die Therapeutin war eher unaufmerksam, und es kam wiederholt zu Missverständnissen.
In diesen Gesprächen kommunizierte die Therapeutin autoritär, indem sie stets ihren Anspruch auf die Deutungshoheit der Geschichte der Patientin unterstrich. Es konnte somit nicht zu einem geteilten Verständ-

nis der Geschichte der Patientin kommen, weil sie zu wenig Vertrauen in die Fähigkeit ihres Gesprächsgegenübers hatte, seine Geschichte selbst zu entwickeln. Im Gegensatz dazu wurde in einem Gespräch mit gelungenem Beziehungsaufbau das Gespräch in Übereinstimmung und Rücksprache mit der Patientin gemeinsam entwickelt und organisiert.

Beispiele gelingender und misslingender Interaktionsgestaltung

(nach Frei u.a. 2012)

Positive Beispiele	Negative Beispiele
»Mhm, das ist jetzt gerade das, wo ich noch ein wenig weiter fragen will ...«	»Ich weiß nicht, wie weit Sie da schon vororientiert sind ...«
»Ich versuche ein wenig herauszufinden, wie denn jemand dazu kommt, jetzt gerade das zu tun ...«	»Ich will mit Ihnen vor allem diese Episode ein wenig besprechen ...«
»Darf ich nur einmal noch auf den Samstag zurückkommen, Sie haben mit ...«	»Was mir jetzt auffällt, ...«
»Ich frage jetzt einfach etwas dumm, was hat diese Freundschaft für Sie bedeutet, warum war das wohl so eine Krise für Sie ...«	»Ich würde meinen, einfach von diesem Tag an ...«
	»Ich glaube, es ist schon etwas Wichtiges, ...«
	»Ich denke, dort kommt sehr viel von diesem Durcheinander her ...«

Michel u.a. (2004) konnten zeigen, dass suizidale Menschen die therapeutische Beziehung als signifikant besser beurteilten, wenn ein narrativer Ansatz gewählt wurde.

Mit dem narrativen Interview wird die Erzählung des suizidalen Menschen zu den Ereignissen und Umständen, die der suizidalen Krise vorausgegangen sind, genutzt, um ein gemeinsames Verständnis für seine Situation zu entwickeln. Dadurch dass die eigene Geschichte einem aufmerksamen Zuhörer erzählt wird, gibt der suizidale Mensch den Ereignissen eine Bedeutung, aus der eine kohärente Geschichte entstehen kann (Michel & Valach 2010). Das Mitteilen der eigenen Geschichte kann eine therapeutische Wirkung entfalten. Beispielsweise kann die Erzählung zur eigenen suizidalen Krise statt mit dem Tod mit lebensorientierten Zielen enden.

Der narrative Ansatz wird als patientenorientiertes Modell in den Richtlinien zum Umgang mit suizidalen Menschen der Aeschi-Arbeitsgruppe (Internationales Austauschforum führender Experten der klinischen Suizidprävention) empfohlen.

Richtlinie für den Umgang mit suizidalen Menschen der Aeschi-Arbeitsgruppe (Michel u. a. 2002)

- Im Gespräch mit dem suizidalen Menschen muss das Ziel des Therapeuten sein, ein gemeinsames Verständnis der Suizidalität zu finden.
- Der Therapeut sollte berücksichtigen, dass suizidale Menschen oft die Tendenz haben, sich zurückzuziehen. Sie sind aber bereit, sich zu öffnen, wenn der Therapeut, die Therapeutin, sich bemüht, das innere Erleben des Menschen zu verstehen und nachzuvollziehen.
- Die Haltung des Therapeuten muss empathisch und wertfrei sein. Dies zeigt sich darin, dass er dem Menschen gegenüber offen und bereit ist, zuzuhören. Menschen haben im Allgemeinen eine gute narrative Kompetenz.
- Eine suizidale Krise hat immer eine Vorgeschichte und einen biografischen Bezug.
- Auch ein erstes Gespräch sollte darauf ausgerichtet sein, eine therapeutische Beziehung herzustellen.

Das Ziel des narrativen Interviews ist es, dem suizidalen Menschen die Möglichkeit zu geben, seine eigene Perspektive und sein eigenes Erleben in einer zusammenhängenden Geschichte zu erzählen (Gysin-Maillart & Michel 2013, S. 56). Einerseits erleichtert dies den Aufbau einer therapeutischen Beziehung zwischen dem suizidalen Menschen und der Pflegefachperson, anderseits kann in der Analyse der Erzählung des suizidalen Menschen das individuelle Handlungsmuster sichtbar werden, das ihn in die »Sackgasse« der Suizidalität geführt hat. In einem zweiten Schritt geht es dann darum, gemeinsam mit dem Patienten alternative Handlungspläne zu entwickeln und einzuüben (Michel 2004).

Die Geschichte, die ein suizidaler Mensch während eines narrativen Interviews erzählt, kann auch einen wichtigen Beitrag zur Einschätzung der Suizidgefährdung liefern (siehe Pflegediagnose, S. 21), weil wichtige Einschätzungselemente in einen größeren Kontext gestellt werden können (beispielsweise wird mit einer Patientin ein narratives Interview durchgeführt, die Suizidgedanken, Suizidabsichten und einen Suizidplan hat – damit ist sie grundsätzlich sehr suizidgefährdet. Während des narrativen Interviews wird jedoch deutlich, dass dies vor allem da-

mit zusammenhängt, dass sie dem tragischen Missverständnis unterliegt, an Demenz erkrankt zu sein).
Auch das Fokusassessment mit dem »Suicide Status Form II«-Bogen kann unter Umständen sehr gut im Anschluss an ein narratives Interview durchgeführt werden (siehe S. 46 ff.).

Anleitung zur Durchführung eines narrativen Interviews

1. Informieren Sie den Patienten, dass Sie mit ihm gern ein Interview durchführen möchten, in dem es nicht um ein Frage-Antwort-Gespräch geht. Sie möchten seine persönliche Geschichte hören und werden nur aufmerksam zuhören, ohne zu unterbrechen.
2. Informieren Sie den Patienten, die Patientin, dass Sie sich Notizen machen werden (oder das Gespräch aufzeichnen).
3. Wählen Sie eine Gesprächseröffnung, die die Wörter »Geschichte« oder »erzählen« enthält. Das narrative Interview kann im Stil der folgenden Beispiele eröffnet werden (Michel & Valach 2010):
   - »Als Erstes möchte ich von Ihnen selbst erzählt bekommen, wie es dazu kam, dass Sie sich selbst verletzten / mit Suizidgedanken zu uns in die Klinik kamen.«
   - »Ich würde gerne von Ihnen die Geschichte hören, die zu Ihrer suizidalen Krise geführt hat.«
   - »Können Sie mir erzählen, wie Sie an den Punkt kamen, Ihrem Leben ein Ende setzen zu wollen?«

4. Lassen Sie die den Patienten, die Patientin, so lange erzählen, bis die Erzählung erkennbar selbst beendet wird (z. B. durch entsprechende Äußerungen, Gesten oder durch Mimik).
Halten Sie mögliche Gesprächspausen der Patientin, des Patienten, aus, ohne vorschnell Nachfragen zu stellen. Achten Sie besonders darauf, dass Sie sich gute und umfangreiche Notizen zu der Geschichte machen (optimal wäre eine Aufzeichnung).
5. Fragen Sie bei Unklarheiten oder nicht angesprochenen Themen nach. Stellen Sie Verständnisfragen sparsam und am besten am Ende des narrativen Interviews (»Darf ich noch auf den Samstag zurückkommen, Sie haben mit ...«).

6. Machen Sie nach dem narrativen Interview einen Folgetermin mit dem Patienten ab. Fassen Sie das narrative Interview schriftlich zusammen und besprechen Sie die Zusammenfassung mit ihm am Folgetermin, um eventuelle Handlungsmuster zu identifizieren, das Verständnis für die Umstände der suizidalen Krise zu erweitern und gemeinsam Bewältigungsstrategien zu entwickeln.

Notfall- und Krisenintervention

Die Begriffe »Krise« und »Krisenintervention« werden sehr unterschiedlich und uneinheitlich verwendet. Unter »Krise« wird in diesem Kapitel in Anlehnung an Cullberg (1978) eine psychosoziale Krise verstanden. Eine psychosoziale Krise stellt den Verlust des seelischen Gleichgewichts dar, wenn ein Mensch mit Ereignissen oder Lebensumständen konfrontiert wird, die er im Augenblick nicht bewältigen kann, weil sie von der Art und vom Ausmaß her seine Fähigkeiten und Möglichkeiten zur Erreichung wichtiger Lebensziele oder zur Bewältigung seiner Lebenssituation überfordern (Sonneck 2000, S. 32).
Ziel der Krisenintervention ist es, den Menschen und sein Umfeld darin zu unterstützen, sich entsprechend seinen Fähigkeiten selbst zu helfen. Es geht also nicht um den Ersatz von Verlorenem oder die Verleugnung der schmerzhaften Realität. Die Aufgabe der Pflegeperson während der Krisenintervention ist es, den Menschen in einer Krise zu stützen und empathisch zu sein. Sie ermutigt ihn, Gefühle wie Trauer, Schmerz und Aggression zu zeigen.

Durch Krisenintervention werden Menschen darin unterstützt, schwierige Lebenssituationen selbst durchzustehen und zu bewältigen. Es geht um eine zeitlich begrenzte Begleitung, in der keine tief greifenden Verhaltensänderungen durchgeführt werden können.

Krisenintervention ist in erster Linie als eine allgemeine psychosoziale Unterstützung zu sehen, die entlastet und eine weitere Zuspitzung der Krise oder das Auftreten von ernsthaften Komplikationen verhindert (Wolfersdorf & Etzersdorfer 2011, S. 126).

Struktur und Möglichkeiten der Krisenintervention

Es empfiehlt sich, in der klinischen Praxis ein Kriseninterventionskonzept zu verwenden, das eine grundsätzliche Orientierung für das Vorgehen in der Krisenintervention bietet. Ein sehr praxisnahes und anschauliches Interventionskonzept für akute Krisensituationen und Krisenzustände ist das »BELLA-System« (SONNECK 2000, S. 96 ff.). Es besteht aus fünf Bausteinen, die jeweils einen elementaren Schritt in der professionellen Begleitung von suizidalen Menschen repräsentieren:

Beziehung aufbauen;
Erfassen der Situation;
Linderung von Symptomen;
Leute einbeziehen, die unterstützen;
Ansätze für die Krisenbewältigung finden.

Das BELLA-Kriseninterventionskonzept

Beziehung aufbauen

Schaffe einen einladenden Anfang:

- »Guten Tag! Ich bin ...«
- »Nehmen Sie doch erst einmal Platz.«
- »Kann ich Ihnen etwas zu trinken anbieten?«
- »Was kann ich für Sie tun?«

Höre dem Patienten, der Patientin, aufmerksam und einfühlsam zu:

- »Erzählen Sie mir doch einmal, wie es dazu kam, dass Sie jetzt hier bei uns (mir) sind. Ich werde Ihnen aufmerksam zuhören und Sie nicht unterbrechen.«

Vermittle dem Patienten, dass du ihn ernst nimmst und dass du dir seiner Schwierigkeiten bewusst bist:

- »Ich kann gut verstehen, dass das für Sie ein Problem ist!«
- »Ich kann nachvollziehen, dass dann für Sie eine Welt zusammengebrochen ist!«
- »Wollen Sie mir mehr darüber erzählen?«
- »Ich sehe, es fällt Ihnen schwer, darüber zu reden. Das würde mir selbst auch so gehen.«

Erfassen der Situation

Befasse dich mit den Gründen des Kommens:

- »Was war letztlich ausschlaggebend, dass Sie Hilfe gesucht haben?«
- »Was hat Sie bewogen, gerade heute zu kommen?«
- »Durch welche Umstände sind Sie zu uns gekommen?«

Frage nach dem Krisenanlass und den davon unmittelbar Betroffenen:

- »Seit wann genau geht es Ihnen so schlecht?«
- »Gibt es aus Ihrer Sicht einen speziellen Auslöser dafür, dass es Ihnen so schlecht geht?«
- »Wie sehen Sie Ihr persönliches Umfeld im Zusammenhang mit ...?«

Erkunde die derzeitige Lebenssituation des Patienten, der Patientin (auch das Hier und Jetzt):

- »Hat dieses Ereignis Einfluss auf andere wichtige Lebensbereiche?«
- »Wie geht es Ihnen damit, dass Sie jetzt ...?«

Sprich mögliche Veränderungen durch die Situation an:

- »Was glauben Sie, wird sich durch dieses Ereignis in Ihrem Leben ändern?«
- »Ist es für Sie momentan hilfreich, dass Sie hier bei uns sein können?«

Linderung der schweren Symptomatik

Gehe auf die emotionale Situation des Patienten, der Patientin, ein (Suizidalität, Gefühle der Ausweglosigkeit, Hoffnungslosigkeit, Aggression usw.):

- »Sie haben erwähnt, dass es Ihnen nicht gut geht, wie äußert sich das?«
- »Wie, glauben Sie, wird es weitergehen?«
- »Wie fühlen Sie sich jetzt in diesem Moment?«

Versuche, den Patienten, die Patientin, zu entlasten:

- »Wenn Ihnen zum Weinen zumute ist, tun Sie es?«

Versuche, den Patienten, die Patientin, ordnen zu lassen (Welche Dinge sind Ihnen jetzt am wichtigsten?).
Zeige dem Patienten, der Patientin, Entspannungsübungen (z. B. Atemtechniken).
Biete dem Patienten, der Patientin, falls notwendig, medikamentöse Hilfe an.

Leute einbeziehen, die unterstützen

Versuche, Hilfesysteme der Patientin von ihr einsetzen zu lassen, wenn notwendig, auch Hilfesysteme wie Selbsthilfegruppen und Institutionen:

- »Gibt es jemanden, mit dem Sie darüber reden können?
- »Gibt es jemanden in Ihrem Umfeld, mit dem Sie jetzt gerne sprechen würden?«

Ansätze zur Problembewältigung finden

Hilf dem Patienten, der Patientin, das eigentliche Problem zu definieren:

- »Welchen Grund gibt es, dass es Ihnen dadurch so schlecht geht?«

Ermögliche es dem Patienten, der Patientin, Widersprüchlichkeiten zu sehen:

- »Sie sagen auf der einen Seite, dass …, und auf der anderen Seite …«

Unterstütze den Patienten, die Patientin, dabei, die gefühlsmäßige und reale Bedeutung des Problems zu erfassen:

- »Wenn das Problem so gelagert ist, welche Konsequenzen hat das dann?«
- »Glauben Sie, es ist möglich, dass Sie … verwirklichen?«

Hilf dem Patienten, der Patientin, sich für eine Veränderung zu entscheiden:

- »Was würde Ihnen am meisten helfen?«
- »Wie könnten Sie vorgehen, um …?«
- »Was könnten Sie sich vorstellen, um …?«

Intensivbetreuung

Meistens genügt es, wenn ein Mensch in einer suizidalen Krise eine vertrauensvolle Beziehung zu einer immer ansprechbaren Pflegefachperson hat, um diese schwere Lebenssituation bewältigen zu können. In einigen Fällen ist jedoch eine höhere pflegerische und therapeutische Betreuungsdichte notwendig, damit die Unversehrtheit des suizidalen Menschen gewährleistet werden kann (Löhr u.a. 2013). Diese Form der Intensivbetreuung wird auch als 1:1-Betreuung bezeichnet.

Intensivbetreuung sollte keinesfalls ausschließlich unter dem Gesichtspunkt der Kontrolle und Überwachung gesehen werden. Gerade bei einem suizidalen Menschen kommt es darauf an, Vertrauen und Offenheit herzustellen. Nur so kann der suizidale Mensch die Bereitschaft entwickeln, an späteren therapeutischen Maßnahmen nach der akuten

Krise mitzuwirken. Außerdem soll das Vertrauen des suizidalen Menschen in das professionelle Helfersystem nicht erschüttert werden, damit er auch in zukünftigen Krisen diese Unterstützung sucht.
In diesem Sinne sollte Intensivbetreuung stets den Aufbau einer therapeutischen Beziehung, den Einbezug des suizidalen Menschen in den Behandlungsprozess und die Förderung von Zuversicht als Ziele verfolgen. Das heißt, dass die Intensivbetreuung von suizidalen Menschen in akut suizidalen Krisen immer von einer Pflegefachperson übernommen und der Einsatz von Aushilfen oder Studenten vermieden werden sollte (Cutcliffe 2002; Nienaber u.a. 2013).
Während der Intensivbetreuung muss die Suizidgefährdung des suizidalen Menschen regelmäßig beurteilt werden (z.B. mit SPOC, siehe S. 58). Dies soll unter anderem auch verhindern, dass jemand länger als notwendig dieser stark in die Persönlichkeitsrechte eingreifenden Intervention ausgesetzt ist. Optimalerweise entscheidet der suizidale Mensch gemeinsam mit der Ärztin und der Pflegeperson über die Aufhebung, Lockerung oder Verlängerung der Intensivbetreuung (Nienaber u.a. 2013).

Eine zeitlich begrenzte, lückenlose Intensivbetreuung ist bei manchen Menschen nicht zu umgehen. Intensivbetreuung sollte sich immer um den Aufbau einer therapeutischen Beziehung und das Vermitteln von Zuversicht bemühen und nicht ausschließlich eine Kontroll- und Überwachungsfunktion übernehmen.

Wenn während der Intensivbetreuung die Übernahme von Fremdbetreuung (Zurückhalten oder Abhalten von einer suizidalen Handlung wie beispielsweise aus dem Fenster springen) notwendig wird, sollte dies schnell und ohne falsche Zuweisung von Freiheit (»Jeder hat das Recht, sich selbst zu töten«) erfolgen. Die Entscheidungsfähigkeit in einer Krisensituation ist zumindest zu hinterfragen, vor allem auch vor dem Hintergrund, dass die meisten Menschen einen Suizidversuch hinterher oder schon während der Ausführung bereuen (Reisch 2012).
Die eventuell notwendig gewordene Maßnahme gegen den aktuellen Willen der Person sollte anschließend sowohl mit dem suizidalen Menschen als auch im Team besprochen werden, um ein gemeinsames Verständnis des Geschehenen herzustellen.

Nonsuizid-Verträge

In der Fachliteratur werden Nonsuizid-Verträge als Intervention zur Verhinderung von Suiziden in akuten Krisen empfohlen (McCloskey Dochtermann & Bulechek 2004; Jacob u.a. 2009; Dorrmann 2012). In der klinischen Praxis werden Nonsuizid-Verträge auch relativ häufig zur Suizidprävention verwendet (Drew 2001; McConnel Lewis 2007; Narr u.a. 2010).

Ganz allgemein betrachtet sind Verhaltensverträge eine weit verbreitete Methode in der Verhaltenstherapie, um jemanden gezielt zu motivieren, sich in einer bestimmten Weise zu verhalten. Ein Nonsuizid-Vertrag ist im Wesentlichen eine Vereinbarung zwischen einer Gesundheitsfachperson und einem suizidgefährdeten Menschen. Der suizidgefährdete Mensch verspricht dabei, sich in einem festgelegten Zeitraum nicht selbst zu verletzen oder Suizid zu begehen. Bestandteil des Vertrags kann auch das Versprechen sein, sich bei auftretenden Suizidgedanken bei einer bestimmten Person oder Institution zu melden. In der Regel werden Nonsuizid-Verträge mündlich, schriftlich oder in einer Kombination aus beidem abgeschlossen.

Nach Dorrmann (2005) werden die folgenden sechs Varianten von Nonsuizid-Verträgen am häufigsten verwendet:

- mündliches Versprechen;
- Versprechen mit Handschlag und Blickkontakt;
- Selbstverpflichtung als Vordruck (nur Datum und die Unterschriften müssen hinzugefügt werden);
- individuell, schriftlich mit Unterschrift;
- individuell, schriftlich mit Unterschrift und zusätzlichen Maßnahmen;
- Einbindung der Therapeutin, des Therapeuten, oder der Pflegefachperson mit Verpflichtungen und Unterschriften von beiden Vertragspartnern.

Beispiel **Formulierung eines Nonsuizid-Vertrags** (Dorrmann 2012, S. 59).

»Ich werde bis zur nächsten Sitzung am ... am Leben bleiben und mein Leben auch nicht unabsichtlich in Gefahr bringen, egal, was passiert, und egal, wie ich mich fühle.«

Die Verwendung von Nonsuizid-Verträgen in der Praxis wird von Experten sehr kontrovers diskutiert (Behrens & Langer 2004; Rudd u. a. 2006; Jacob u.a. 2009; Dorrmann 2005, 2012; Kozel 2013). Teilweise gibt es eine kategorische Ablehnung der Verwendung von Nonsuizid-Verträgen in der klinischen Praxis, gleichzeitig gibt es Befürworter dieser Intervention zur akuten Suizidprävention. Eine große Schwäche von Nonsuizid-Verträgen ist, dass es keinen Nachweis dafür gibt, dass sie in der Lage sind, Suizide zu verhindern. Das heißt, es gibt keine ausreichende externe Evidenz in Form von wissenschaftlichen Studien, dass Nonsuizid-Verträge wirksam sind. Die vorhandenen Studien sind relativ alt, es handelt sich fast ausschließlich um Experten- und Patientenbefragungen und um Analysen der Patientendokumentation. Hochwertige Wirksamkeitsstudien zu Nonsuizid-Verträgen gibt es praktisch nicht. Ein Grund dafür könnte unter anderem sein, dass es bisher keinen einheitlichen konzeptionellen Rahmen zu dieser Intervention gibt. Weitere Kritikpunkte sind:

- Nonsuizid-Verträge bieten grundsätzlich keine Sicherheit, dass ein Mensch keinen Suizid begeht.
- Nonsuizid-Verträge bieten keine rechtliche Sicherheit für Gesundheitsfachpersonen nach einem erfolgten Suizid.
- Nonsuizid-Verträge dienen vermutlich eher der Entlastung der Gesundheitsfachperson (»Ich habe etwas dafür getan, dass sich Frau Y nicht suizidiert. Sie hat mir das schriftlich garantiert«).

Befürworter von Nonsuizid-Verträgen sind zumeist Psychotherapeuten, die ausdrücklich betonen, dass es um ein korrektes und individuelles Vorgehen beim Erstellen von Nonsuizid-Verträgen geht (Dorrmann 2005, 2012). Neben dem Versprechen, sich nicht suizidal zu verhalten, sollten unbedingt auch individuelle Bewältigungsstrategien und Krisenpläne besprochen und festgehalten werden. Die Effektivität von Nonsuizid-Verträgen liegt demnach vor allem in ihrer Erarbeitung gemeinsam mit dem suizidalen Menschen und der so vertieften therapeutischen Beziehung. Im Gegensatz dazu werden Nonsuizid-Verträge jedoch häufig unreflektiert und routinemäßig durchgeführt, ohne dass Anwender eine Schulung zu dieser spezifischen Intervention hatten (Miller u.a. 1998; Dorrmann 2012).

Nonsuizid-Verträge sind nicht evidenzbasiert und sie bieten keine rechtliche Absicherung. Sie sollten nur auf der Basis einer tragfähigen Beziehung eingesetzt werden. Idealerweise werden Nonsuizid-Verträge gemeinsam mit dem suizidalen Menschen entwickelt und zusätzlich mit Bewältigungsstrategien und Krisenplänen kombiniert. Eine routinemäßige und standardisierte Vorgehensweise ist zu vermeiden.

Der Psychotherapeut Wolfram Dorrmann ist einer der wenigen Autoren, die sich in der letzten Zeit intensiv mit dem Thema Verträge und Selbstverpflichtungen bei Suizidalität beschäftigt haben (Dorrmann 2005, 2012). Auf der Basis seiner Erfahrungen können die folgenden Empfehlungen für die Arbeit mit Nonsuizid-Verträgen gegeben werden:

Empfehlungen für den Umgang mit Nonsuizid-Verträgen

Indikation

- Vorhandensein einer tragfähigen, guten therapeutischen Beziehung
- Fehlende Selbstkontrolle bei suizidalen Impulsen: »Ich möchte mir nichts antun, weiß aber nicht, ob ich das schaffe.« »Ich möchte eigentlich schon am Leben bleiben, aber ...«

Kontraindikation

- Keine tragfähige therapeutische Beziehung

Allgemeine Grundsätze

- Unreflektierte Routine vermeiden, keine vorgedruckten Formulare unterschreiben lassen
- Unter Umständen nicht den Begriff »Vertrag« verwenden, da zu unpersönlich und eventuell mit negativen Assoziationen besetzt: »Kleingedrucktes«, »über den Tisch ziehen«; alternative Bezeichnungen können sein: »Selbstverpflichtung«, »ein Versprechen, das Sie sich selbst geben«, »Abmachung mit mir selbst«.

Entwicklung des Nonsuizid-Vertrags

- »Ist es möglich, dass Sie sich bis zum nächsten Gespräch umgebracht haben?«
- »Können Sie versprechen, sich nicht das Leben zu nehmen?«

An dieser Stelle sollte genau auf das Antwortverhalten (z. B. ob jemand wenig überzeugend antwortet: »Ich glaube schon«) und die Mimik und Gestik geachtet werden (z. B. ob jemand dem Blick ausweicht).

- »Ich kenne eine Methode, um mehr Sicherheit zu schaffen, wenn Sie das Gefühl haben, die Kontrolle zu verlieren. Sind Sie bereit, diese auszuprobieren?«
- »Diese Methode ist nicht für jeden Menschen geeignet, Sie müssen dabei etwas tun. Sind Sie dazu bereit?«
- »Sie müssen dazu nur etwas schreiben.«

An dieser Stelle kann dem suizidalen Menschen entweder eine Standardformulierung diktiert werden – wichtig ist, dass er sie selbst schreibt (»Ich werde bis zum nächsten Gespräch am … am Leben bleiben, egal, was passiert, und egal, wie ich mich fühle«) – oder der suizidale Mensch wählt eine eigene Formulierung. Dabei sollte darauf geachtet werden, dass

- die Formulierung verbindlich und nicht unklar ist und keinen zu großen Spielraum zulässt (»Ich werde versuchen …«, »Ich werde vermutlich …«);
- die Formulierung positiv ist (»am Leben bleiben«);
- der gewählte Zeitraum des Nonsuizid-Versprechens nicht zu lang ist (Überforderung).

Hinweis: Es muss unbedingt gewährleistet werden, dass nach dem Ablauf des festgelegten Zeitraums die Bezugsperson zur Kontaktaufnahme zur Verfügung steht.

Wichtige Zusätze

- Eine lösungsorientierte Formulierung im Sinn einer Therapie- bzw. Behandlungsverpflichtung verwenden (»In dieser Zeit werde ich alle Möglichkeiten nutzen, die mir helfen, bei einer Entscheidung für oder gegen mein Leben weiterzukommen.«)
- Bewältigungsstrategien entwickeln und üben (z. B. »Wenn es gar nicht mehr geht, dann helfe ich mir mit dem Gedanken: Meine Kinder brauchen mich noch.«)
- Rahmenbedingungen verabreden (z. B. Kontaktregelungen, -intervalle, -möglichkeiten, Versprechen der Fachperson, ansprechbar zu sein)
- Krisenplan erarbeiten

Ein »effektiver« Nonsuizid-Vertrag wird auf der Basis einer tragfähigen therapeutischen Beziehung entwickelt und enthält zusätzlich lösungsorientierte Inhalte und Angaben zu den Rahmenbedingungen. Hinzu kommen außerdem individuelle Bewältigungsstrategien. Am besten ist es, wenn als Ergänzung ein schriftlicher Krisen- oder Sicherheitsplan mit der Patientin, dem Patienten, erarbeitet, trainiert und abgegeben wird (siehe S. 101 ff.).

Der bekannte Suizidforscher M. David Rudd (Rudd u.a. 2006) verzichtet in seiner klinischen Tätigkeit auf die Verwendung von »klassischen« Nonsuizid-Verträgen. Er schlägt eine alternative Vorgehensweise vor, die mehr oder weniger mit einer Behandlungsvereinbarung vergleichbar ist. Der Patient verpflichtet sich dabei freiwillig, Verantwortung für seine Beteiligung am Behandlungsprozess und für sein eigenes Leben zu übernehmen (Commitment to Treatment Statement – CTS).

Selbstverpflichtung zur Behandlung (Rudd u.a. 2006)

Ich, ..., bin hiermit einverstanden, mich dem Behandlungsprozess zu unterziehen. Mir ist klar, dass ich meine Einwilligung gegeben habe zum aktiven Einbezug in alle Behandlungsaspekte, einschließlich der folgenden:

1. Zu den Gesprächsterminen erscheinen
2. Ziele festlegen
3. Meine Ansichten, Gedanken und Gefühle offen und ehrlich meiner Bezugsperson mitteilen (negative und positive, aber insbesondere negative)
4. Mich in Gesprächen aktiv einbringen
5. Hausaufgaben erledigen
6. Meine Medikamente gemäß Verordnung einnehmen
7. Neue Verhaltensweisen und Vorgehensweisen ausprobieren
8. Meinen Sicherheitsplan bei Bedarf anwenden

Ich verstehe auch und bekräftige, dass der Behandlungserfolg weitgehend von meinen Anstrengungen und Bemühungen abhängt. Wenn ich das Gefühl habe, die Behandlung wirke nicht, bin ich damit einverstanden, dies mit meiner Bezugsperson zu besprechen und in einer gemeinsamen Entscheidungsfindung die Probleme und entsprechende Lösungsmöglichkeiten auszumachen. Kurz gesagt, ich verpflichte mich selbst, zu leben. Diese Einwilligung gilt für die nächsten ...... und wird dann besprochen und der aktuellen Situation angepasst.

Therapeutisches Milieu: Risikominimierung versus Selbstbestimmungsrecht des Patienten

Nicht nur die Nonsuizid-Verträge, alle Interventionen im Umgang mit suizidalen Menschen haben das Ziel, einen Suizid während der Behandlung oder nach der Entlassung zu verhindern. Wir wissen, dass Suizidalität meistens nicht lang andauernd ist. Auch bedauern viele Menschen schon während der Suizidhandlung ihr Tun (Reisch 2012). Nicht zuletzt, weil häufig eine psychische Erkrankung gut behandelbar und eine effektive therapeutische Unterstützung für die unterschiedlichsten Lebensprobleme möglich ist, muss eine Institution beziehungsweise eine Gesundheitsfachperson alles dafür tun, dass ein Suizid verhindert wird. Es ist also aus ethischer und fachlicher Sicht eindeutig, dass Suizidalität nicht mit einer falsch verstandenen Selbstbestimmung verwechselt werden darf. Dabei bleibt jedoch die Frage, wie weit man das Selbstbestimmungsrecht des suizidalen Menschen einschränken darf, wie das geschehen soll, welche Erfolge dadurch erzielt werden können und was der Preis dafür ist. Suizidalität nur unter der Prämisse der Risikominimierung zu betrachten, kann sich letztlich kontraproduktiv auswirken. Wolfersdorf (2012, S. 263) führt dazu aus:

»Nun bedeutet Suizidprävention im psychiatrischen Krankenhaus natürlich nicht die Schaffung einer gefängnisartigen Kontrollsituation, die sowieso nicht suizidpräventiv, sondern eher suizidfördernd sein würde. Suizidprävention findet statt im Spannungsfeld zwischen möglichst freiheitlicher Behandlung, therapeutisch-pflegerischer Beziehungsorientierung, Angewiesenheit auf diagnostisches Erkennen von Suizidalität, auch unter Mitarbeit des Patienten, und andererseits Wissen um die Begrenztheit fürsorglicher Möglichkeit sowie einen Autonomie und Selbstbestimmung des Patienten respektierenden Umgang. So muss Suizidprävention gegen den Willen eines Patienten begründbar sein, ableitbar sein aus seiner psychopathologisch veränderten Wahrnehmungsstörung, aus seiner hoffnungslosen Zukunftsperspektive bezüglich der eigenen Person und seiner Handlungsmöglichkeiten, der Hilfsmöglichkeiten und muss menschlich angemessen sein.«

Wolfersdorf & Etzersdorfer stellen zu Recht fest, dass es auch in einer psychiatrischen Klinik keine Garantie für eine absolute Suizidprävention geben kann. Ein Suizid kann immer vorkommen, auch in einer psychiatrischen Klinik (2011, S. 201).

Dieser Umstand muss letztlich von allen Akteuren akzeptiert werden. Suizide ereignen sich in psychiatrischen Kliniken auch dann, wenn sehr stark auf Sicherheit und Risikominimierung geachtet wird. Wichtig ist, dass die Verhältnismäßigkeit in Bezug auf die Selbstbestimmungsrechte des Patienten nicht aus den Augen verloren wird und der Beziehungsaspekt im Blick bleibt. Unverhältnismäßig wäre zum Beispiel eine Einschränkung der Bewegungsfreiheit nur auf der Basis des Vorhandenseins von Suizidgedanken. Anders gesagt: Eine zu starke Risikofokussierung kann die Beziehung zum Patienten, zur Patientin, aufs Spiel setzen und ist für die klinische Suizidprävention vielleicht das eigentliche Problem.
Einer der Hauptgründe für ein überhöhtes Sicherheitsdenken ist die Sorge, strafrechtlich belangt zu werden. Bisher wurde in den letzten zwanzig Jahren in Deutschland aber noch nie jemand aus der Medizin oder der Pflege im Zusammenhang mit einem Suizid strafrechtlich belangt (Wolfersdorf 2012).
Das heißt letztlich, dass immer für den individuellen Fall geprüft werden muss, ob es nicht viel effektiver ist und im Sinne des Patienten, der Patientin, ein der Situation angemessenes Risiko bei der Suizidprävention einzugehen. Wolfersdorf & Abderhalden (2012) weisen darauf hin, dass es in Ordnung ist, ein Risiko einzugehen, wenn die Chancen für den Patienten dadurch wesentlich größer sind als das Risiko. »Ein Risiko eingehen« bedeutet in diesem Zusammenhang, Dinge zu tun, die möglicherweise eine suizidale Handlung erleichtern können, zum Beispiel Stationsöffnung, Lockerung der Ausgangsregelungen, Entlassungsplanung, Medikation. Die Verringerung der restriktiven Maßnahmen sollte dabei möglichst mit einer Verdichtung der therapeutischen Kontakte einhergehen und damit den so bedeutsamen Beziehungsfaktor stärken.

Abbildung 11 **Spezifische Milieuelemente im Umgang mit suizidalen Menschen**

Fokus Sicherheit	Fokus Beziehung
Schließen der Stationstür	Kontaktdichte erhöhen
Geschlossene Fenster	Behandlungsvereinbarung schließen
Ausgangssperre	Gespräche anbieten
1:1-Betreuung	Wissen vermitteln

Am Ende müssen suizidale Menschen immer auch durch ihre eigene Tatkraft überleben. Eine Haltung einzunehmen, die die Selbstwirksamkeit von suizidalen Menschen bewahrt und unterstützt ist unter Umständen effektiver. Wenn die Sicherheit von außen aufgezwungen wird, dann ist die innere Sicherheit des suizidalen Menschen möglicherweise umso schwächer (Zerler 2010, S. 187 f.). Die Selbstwirksamkeit kann gefördert werden, wenn letztlich der Entschluss, das eigene Leben zu beenden, respektiert wird. Diese akzeptierende Haltung gibt dem suizidalen Menschen den notwendigen Freiraum, sich auch anders, nämlich für das Leben, zu entscheiden (Kremer & Schulz 2012, S. 109).

Ein günstiges Milieu für suizidale Menschen bietet tragfähige, sichere Beziehungen und ist so wenig restriktiv wie möglich.

Indem beispielsweise das professionelle Umfeld einer psychotherapeutischen Station eine akzeptierende Haltung zeigt und kommuniziert (siehe Beziehung und Kommunikation, S. 68 ff.), schafft es ein Milieu, das individuelle Reflexionsprozesse fördert.

Exkurs

Milieutherapie und Milieugestaltung

Der Begriff »Milieu« stammt aus dem Französischen und bedeutet »Umwelt«. Sogenannten Milieuelementen werden besonders seit den 1970er-Jahren eine große Bedeutung in der Behandlung von Menschen mit einer psychischen Erkrankung beigemessen. Dabei wird der Milieubegriff in der Psychiatrie meist sehr uneinheitlich verwendet, sodass oft nicht klar ist, was beispielsweise mit Milieutherapie oder Milieugestaltung gemeint ist. Grundsätzlich kann grob in Milieugestaltung und Milieutherapie unterschieden werden (Grieser & Hans 2013). Nach Jones (1956) ist Milieutherapie eine strukturierte Umgebung, die sich therapeutisch auf einen Menschen auswirkt. Der Fokus liegt hier auf einem strukturierten sozialen Umfeld, das einen definierten therapeutischen Effekt beim Patienten erzielen will (Grieser & Hans 2013). Bei der Milieugestaltung werden dagegen Umgebungsfaktoren gezielt eingesetzt, die eine positive Wirkung auf die Entwicklung psychischer Krankheiten haben (Abderhalden 2011b, S. 475). Es geht weniger um das Erreichen einer spezifischen Zielvariable (zum Beispiel individuellen Reflexionsprozess fördern), sondern um das

Bereitstellen eines »günstigen« Milieus für alle Patienten und Patientinnen, das sich nicht negativ auf die Entwicklung und Behandlung der Erkrankung auswirkt. Beispiele für ein pathologisches oder ungünstiges Milieu sind emotionale Kälte, Gleichgültigkeit, Stimulationsarmut, Rigidität, Infantilisierung oder Misstrauen und Intoleranz (Ciompi 1982).

Das Milieu einer Station wie einer Tagesklinik oder einer Einrichtung des Betreuten Wohnens ist immer etwas, das vom Team als Ganzem geprägt wird. Das heißt nicht, dass es den Gestaltungsmöglichkeiten eines jeden Mitglieds entzogen ist, aber doch, dass sie begrenzt sind. Für die einzelne Pflegefachperson ist es dabei wichtig, eine eigene Einstellung zum Umgang mit Sicherungsmaßnahmen und dem Selbstbestimmungsrecht zu finden.
Eine therapeutisch günstige Grundeinstellung für den Umgang mit suizidalen Menschen ist (Dorrmann 2012, S. 27):

- Ich kann letztlich niemanden davon abhalten, sich das Leben zu nehmen.
- Es hilft dem Patienten, wenn er merkt, dass ich meine Angst, er könnte sich umbringen, aushalten kann.
- Solange jemand andere an seiner Tat anteilnehmen lässt oder zum Beispiel mich in sein Vorhaben einweiht, will er noch irgendetwas. Genau das berechtigt mich zur Hilfe oder zum Handeln.
- Ich bin mir sicher, dass ich selbst viele extreme Lebenssituationen durchstehen beziehungsweise ertragen würde.
- Wenn ich mich überfordert fühle, werde ich umgehend Rat und Hilfe bei Dritten holen (oder Supervision beantragen).
- Wenn ich in Diagnostik und Intervention nach meinem besten Wissen und meinen Möglichkeiten gehandelt habe, und ein Patient dennoch Suizid begangen hat, werde ich mir nochmals klarmachen, dass ich letztlich niemanden davon abhalten kann (siehe den ersten Punkt). Ich bin nichts schuldig, außer zu reflektieren, auf welche Hinweise ich noch zusätzlich hätte achten können.

Wissen vermitteln

Das therapeutische Milieu wird ganz wesentlich durch die Zufriedenheit und den Erfolg der therapeutischen Arbeit bestimmt.

Das Vermitteln von Informationen zum Thema Suizidalität ist dabei ein zentraler und wichtiger Baustein in der Begleitung von Menschen, die einen Suizidversuch unternommen haben oder die sich in einer suizidalen Krise befunden haben (siehe Abbildung 10: Empirische Theorie zur Pflege von suizidalen Menschen, S. 67 ff.).
Indem suizidale Menschen mehr Wissen und Verständnis für ihre eigene Situation bekommen, kann das Gefühl, Selbstkontrolle über die eigene Suizidalität zu besitzen, verbessert werden. Im besten Fall wird die Patientin, der Patient, nach der Behandlung weniger Angst vor einem »Kontrollverlust« in einer zukünftigen suizidalen Krise haben. Der erlebte Ausnahmezustand einer suizidalen Krise wird verständlicher, auch für Angehörige, die durch die Vermittlung von Wissen und Informationen ebenfalls ein besseres Verständnis für die Problematik Suizidalität bekommen können (Gysin-Maillart & Michel 2013, S. 76 f.).
Die Vermittlung von Wissen kann im Gruppensetting geschehen, wie es in der Psychoedukation der Fall ist, sie kann aber auch in Einzelgesprächen stattfinden, in denen z. B. das hier vorgestellte Sechs-Phasen-Modell der suizidalen Krisen mit den Patienten und Patientinnen besprochen wird.

Psychoedukation

Psychoedukation ist eine pädagogisch-therapeutische Intervention, die in Einzel-, Familien- und Gruppensettings zur Anwendung kommt. Heute gehört Psychoedukation in vielen psychiatrischen Kliniken zur Standardbehandlung von Menschen, die an einer Schizophrenie, einer Depression oder einer Bipolaren Erkrankung leiden. Bei der Psychoedukation handelt es sich um eine Intervention, die der verhaltenstherapeutischen Schule zugeordnet wird.
»Psychoedukation zielt darauf ab, zum Verstehen und zur Verarbeitung des Krankheitsgeschehens beizutragen, Ängste zu reduzieren, ein positives Selbstkonzept zu fördern und die Autonomie der Betroffenen zu stärken. Notwendige Bestandteile sind die Erarbeitung eines gemeinsamen Krankheitskonzepts sowie die gezielte Förderung der Selbsthilfe- und Bewältigungskompetenzen der Betroffenen im Umgang mit ihrer Verletzlichkeit« (Wienberg & Sibium 1997, zitiert nach Abderhalden & Needham 2011, S. 533).
Nach Abderhalden & Needham (2011, S. 534) geht es bei der Psychoedukation um die folgenden allgemeinen Ziele:

- Verbesserung des Wissensstands,
- Einflussnahme auf den Krankheitsverlauf,
- Vermeidung und Senkung von Rückfällen,
- Verbesserung der psychosozialen Funktionsfähigkeit,
- Reduktion von Stress,
- Verbesserung des Umgangs mit Krisensituationen,
- Angstreduktion,
- Förderung der Bewältigungskompetenz der Patienten im Umgang mit der Erkrankung und ihren Folgen.

Psychoedukation zum Thema Suizidalität muss suizidalen Menschen und Angehörigen vor allem Informationen darüber geben, was genau in einer suizidalen Krise abläuft, damit zukünftig mithilfe dieses Wissens konstruktiver mit entsprechenden Situationen umgegangen werden kann.

Für die Erarbeitung eines individuellen Konzepts, das die Entwicklung der suizidalen Krise beschreibt und Ansätze für die Krisenbewältigung zeigt, ist sowohl das Vulnerabilitäts-Stress-Modell nach ZUBIN und SPRING (1977) geeignet wie das Sechs-Phasen-Modell suizidaler Krisen nach REISCH (2012).

Sechs-Phasen-Modell suizidaler Krisen

REISCH (2012) hat ein Sechs-Phasen-Modell zum Verlauf von suizidalen Krisen vorgestellt, anhand dessen Maßnahmen zur Suizidprävention in den einzelnen Phasen abgeleitet werden können. Das Modell eignet sich sehr gut als Erklärungsmodell, weil mit dessen Hilfe anschaulich aufgezeigt werden kann, wie sich eine suizidale Krise vom Beginn bis zur finalen suizidalen Handlung entwickelt und was sich in den einzelnen Phasen genau abspielt.

Das Modell kann mit dem Vulnerabilitäts-Stress-Modell nach ZUBIN & SPRING (1977) verknüpft werden (siehe Abbildung 12), das ursprünglich als Erklärungsmodell für eine schizophrene Erkrankung entwickelt wurde und das heute als ein Erklärungsansatz für eine Vielzahl von psychiatrischen Störungen verwendet wird (SAUTER 2011, S. 98).

1. Präsuizidale Phase → In dieser Phase liegt eine erhöhte allgemeine Verletzlichkeit (Vulnerabilität) vor, meist auf der Basis einer psychischen Erkrankung. Eine Disposition oder Verletzlichkeit kann entstehen, wenn ein Ungleichgewicht zwischen hohen Stressbelastungen (krisenhafte Lebensereignisse), psychosozialen Faktoren (Erziehung, Traumata, soziokultureller Kontext usw.), körperlichen Faktoren (ererbt oder erworben, Impulsivität, Depression usw.) und persönlichen Schutzfaktoren (soziales Netz, Problemlösungsfähigkeiten, Bewältigungsstrategien) vorliegt. Dabei mündet eine entsprechende Vulnerabilität nicht in jedem Fall in eine suizidale Krise, sie erhöht allerdings die Wahrscheinlichkeit für eine suizidale Krise.

2. Mental-Pain-Phase → Wenn eine Situation subjektiv als unerträglich erlebt und als seelischer oder psychischer Schmerz beschrieben wird, treten gleichzeitig externe und interne Stressoren auf, zum Beispiel ein Arbeitsplatzverlust und der Gedanke, dass dies eine unerträgliche und ausweglose Situation sei. Es handelt sich um eine Ausnahmesituation, in der ein Zugriff auf positiv erlebte Dinge aus der Vergangenheit oder solche, die in der Zukunft erwartet werden können, nicht mehr möglich ist. Die Verantwortung für das soziale Umfeld wird auch nicht mehr wahrgenommen. Denken, Fühlen und Handeln sind stark darauf fokussiert, das eigene Leiden so schnell wie möglich zu beenden. Das rationale Denken ist sehr eingeschränkt, was auch durch Änderungen der Hirnaktivität gezeigt werden konnte (Reisch u.a. 2010). Die Betroffenen suchen schließlich nach für sie naheliegenden Lösungen, um das Leid zu beenden.

3. Suizidhandlungsphase → Wenn die vermeintliche, subjektive Lösungsmöglichkeit Suizid gefunden wurde, steht der seelische Schmerz nicht mehr im Vordergrund. Ähnlich wie bei dissoziativen Phänomenen wird der seelische Schmerz abgespalten und der Suizid wird in einer Art Autopilot-Modus vorbereitet.

Dissoziative Zustände kommen bei suizidalen Menschen häufig vor. Sie sorgen für eine Entfremdung vom eigenen Körper, sodass suizidale Handlungen nicht als angst- oder schmerzbesetzt erlebt werden. Die Handlung wird von Betroffenen meist als automatisch ablaufend erlebt (Gysin-Maillart & Michel 2013, S. 58). Es wird vermutet, dass suizidale Handlungen überhaupt nur durch dissoziative Zustände möglich sind.

4. Finale Ambivalenzphase → Unmittelbar vor der suizidalen Handlung halten viele Menschen noch einmal inne. Sie stehen zum Beispiel mit nach unten gerichtetem Blick am Brückengeländer oder am Rande eines Hochhausdachs. In dieser Phase gibt es für Außenstehende noch einmal die Chance, den Suizid zu verhindern.

5. Finale Handlungsphase → Der Übergang von der finalen Ambivalenzphase zur finalen Handlungsphase ist fließend. Der Sprung von der Brücke oder eine andere suizidale Handlung wird vollzogen.
6. Aufwachen → Viele Menschen, die einen Suizidversuch überleben, bereuen hinterher ihre Handlung. Bei Brückensprüngen ist schon beim Fallen zu beobachten, dass es ein »Aufwachen« aus dem dissoziativen Zustand gibt.

Abbildung 12 **Vulnerabilitäts-Stress-Modell** (nach Zubin & Spring 1977) **und das Sechs-Phasen-Model suizidaler Krisen** (Reisch 2012)

Schutzfaktoren

Körperliche Faktoren

Psychosoziale Faktoren

Belastungen Lebensereignisse

1. Vulnerabilität

2. Mental-Pain-Phase

3. Suizidhandlungsphase

4. Finale Ambivalenzphase

5. Finale Handlungsphase

6. Aufwachen

Nach einer suizidalen Krise mit Suizidversuch kann sich der Eintritt in die zweite Phase beschleunigen. Experten (Rudd 2000; Reisch u.a. 2010; Gysin-Maillart & Michel 2013) weisen darauf hin, dass es nach einer suizidalen Krise oder einem Suizidversuch Hinweise für einen sogenannten suizidalen Modus gibt, der im Hirn abgespeichert ist und jederzeit in Krisensituationen ausgelöst werden kann.

Exkurs

Suizidaler Modus

Der suizidale Modus ist im Sechs-Phasen-Modell der suizidalen Krise (Reisch 2012) der Mental-Pain-Phase zuzuordnen. Es handelt sich dabei um ein aus der Verhaltenstherapie kommendes Modell, das von Rudd (2000) in die Suizidforschung eingeführt wurde. Der suizidale Modus ist ein Zustand, der in und vor außergewöhnlichen und bedrohlichen Situationen auftritt und der sich auf das Denken, die Emotionen, den Körper und das Verhalten auswirkt. Wenn der Modus aktiviert ist, dann ist das Denken fast ausschließlich darauf ausgerichtet, dem als unerträglich erlebten seelischen Erleben ein Ende zu setzen. Emotional wird ein extremer seelischer Schmerz erlebt. Auf der körperlichen Ebene zeigt sich das Bild eines akuten Stresszustands mit Herzklopfen, Schwindel, innerem Beben usw. Das Verhalten ist darauf ausgerichtet, der unerträglichen Situation zu entfliehen (Rudd 2000; Gysin-Maillart & Michel 2013, S. 33).

Abbildung 13 **Suizidaler Modus** (Rudd 2000)

Das Besondere am suizidalen Modus ist, dass er immer wieder durch entsprechende Auslöser (Trigger) aktiviert werden kann, wenn er einmal aufgetreten ist. Vermutlich wird der suizidale Modus neuronal abgespeichert, aus diesem Grund kann man von einem neurobiologischen Modus sprechen (GYSIN-MAILLART & MICHEL 2013, S. 33). Unter anderem konnte in einer Studie gezeigt werden, dass auch in einem nicht suizidalen Zustand durch gelenkte Erinnerung der suizidale Modus mit den entsprechenden Hirnaktivitäten ausgelöst werden kann (REISCH 2012).

Beispiel Suizidaler Modus

Frau Müller hatte eine Auseinandersetzung mit ihrem Chef, der ihr einige Fehler vorgeworfen und sie dafür verantwortlich gemacht hat (Trigger). Frau Müller ist gekränkt und fühlt sich gleichzeitig schuldig. Sie hat Angst vor Konsequenzen und kann an gar nichts anderes mehr denken. Sie hat Angst, ihre Arbeit zu verlieren, es ist alles so schmerzvoll und unerträglich (Emotion). Schließlich denkt Frau Müller wie so oft, dass sie es eigentlich niemandem Recht machen kann und dass sie dazu verdammt ist, immer wieder diese unerträglichen Schmerzen zu erleiden. Sie denkt daran, ihr Leben zu beenden (Denken). Frau Müller ist aufgewühlt und kurzatmig (Körper). Sie fährt orientierungslos und ohne Ziel mit ihrem Auto umher (Verhalten).

Für die Vermittlung von Wissen zum besseren Verständnis suizidaler Krisen spielen vor allem die Themen Vulnerabilität, Mental-Pain-Phase, suizidaler Modus und Dissoziation eine große Rolle. Indem Pflegefachpersonen Patienten und Angehörigen dieses Wissen weitergeben, können sie die Entwicklung von Bewältigungsstrategien vorbereiten.

Patientenwissen Vulnerabilität → Eine Vielzahl von Ursachen für eine Disposition zu suizidalem Verhalten ist für einen Menschen selbst kaum beeinflussbar. Dazu zählen individuelle Persönlichkeitszüge oder vererbte Eigenschaften, wie zum Beispiel mangelnde Impulskontrolle. Trotzdem ist es möglich, durch gezielte Aktivitäten in beeinflussbaren Bereichen die individuelle Vulnerabilität zu reduzieren. Suizidale Menschen und ihre Angehörigen können zum Beispiel darauf achten, dass Belastungen in einem bestimmten Rahmen bleiben und dass sie über ein verlässliches soziales Netzwerk verfügen. Daneben kann es sehr

hilfreich sein, wenn bestimmte Fähigkeiten entwickelt werden, um mit Belastungen besser umgehen zu können, beispielsweise Problemlösungskompetenzen oder soziale Kompetenzen.
Maßnahmen zur Verringerung der Vulnerabilität sind eher allgemein und sie sind teilweise nur längerfristig entwickelbar.
Patientenwissen Mental-Pain-Phase → Das Wichtigste für jemanden, der sich in der Mental-Pain-Phase befindet, ist, sie ohne eine suizidale Handlung zu überstehen und auszuhalten. Betroffene müssen eine Sensibilität dafür entwickeln, wenn sie kurz davor sind, in diese Phase zu rutschen. Sie können in der gemeinsamen Analyse der letzten Krise zusammen mit der Pflegefachperson lernen, anhand welcher Anzeichen sie dies erkennen können und welche Vorsorgemaßnahmen möglich sind. Letzten Endes geht es darum, zu verstehen, wie wichtig Sicherheits- oder Krisenpläne und individuelle Bewältigungsstrategien für das erfolgreiche Überstehen von Ausnahmesituationen sind.
Patientenwissen suizidaler Modus und Dissoziation → Es ist wichtig zu wissen, dass ein suizidaler Modus durch Stress und Belastungen getriggert werden kann. Suizidalität kann also nicht einfach wegtherapiert werden, die Betroffenen müssen lernen, mit einer Krise selbst und eigenverantwortlich umzugehen. Aus diesem Grund ist es enorm wichtig, Bewältigungsstrategien zu besitzen, die auf allen Ebenen des suizidalen Modus – Denken, Emotionen, Körper, Verhalten – ansetzen. Dies ist vor allem auch deshalb wichtig, damit es gar nicht erst dazu kommt, dass jemand in einen dissoziativen Zustand rutscht, den er dann unter Umständen nicht mehr selbst kontrollieren kann.

Bewältigungsstrategien entwickeln und üben

Nach der akuten Phase und der Entwicklung eines Erklärungsmodells für die suizidale Krise geht es vor allem darum, dass betroffene Menschen Strategien entwickeln, die sie zum Weiterleben befähigen. Für die Pflegefachpersonen heißt das, mit dem suizidalen Menschen sogenannte Bewältigungsstrategien (Copingstrategien) oder Skills zu entwickeln und zu üben, um erwartete Belastungen zielgerichtet auffangen oder meistern zu können.
Die Bewältigungsstrategien sollten sich auf die vier Ebenen des suizidalen Modus – Denken, Emotionen, Körper, Verhalten – beziehen und im Sinne einer Kurzintervention einfach in der Handhabung und nicht zu zeitaufwendig sein. Besonders Elemente aus der kognitiven Verhaltens-

therapie können Hinweise für hilfreiche Bewältigungsstrategien liefern. BROWN u. a. (2005) konnten zeigen, dass ein zehn Sitzungen umfassendes kognitiv-verhaltenstherapeutisches Therapieprogramm bei Menschen nach einem Suizidversuch die Suizidrate im Vergleich zur Kontrollgruppe deutlich senkt.
Natürlich kann es nicht darum gehen, dass eine Pflegefachperson ein solches Psychotherapieverfahren als Intervention anbietet. Eine Pflegefachperson kann jedoch möglicherweise das Repertoire der Fähigkeiten zur Krisenbewältigung erweitern, indem sie sich entsprechender Techniken aus der kognitiven Verhaltenstherapie bedient.
Grundsätzlich liefern die Erkenntnisse aus dem Fokusassessment (siehe S. 38 ff.) und aus dem narrativen Interview (siehe S. 77 ff.) die ersten wichtigen Daten zur Entwicklung von Bewältigungsstrategien. Außerdem kann das narrative Interview der Schlüssel zum Aufbau einer therapeutischen Beziehung mit einer daraus resultierenden erhöhten Bereitschaft zur partnerschaftlichen Zusammenarbeit sein.

Alternatives Verhalten entwickeln: Sicherheitsplan

Ein Krisen- oder Sicherheitsplan kann ein sehr wirksames Mittel sein, um verhaltensbezogene Bewältigungsstrategien zu verankern. Ähnlich wie der sogenannte Notfallkoffer der Dialektisch-Behavioralen Therapie (DBT) ist der Krisen- oder Sicherheitsplan eine Zusammenstellung von Notfalltelefonnummern, Adressen, Frühwarnzeichen, Aktivitäten und Skills, die jeder Patientin, jedem Patienten, individuelle Handlungsabläufe zur Bewältigung einer suizidalen Krise zur Verfügung stellt (SENDERA & SENDERA 2007, S. 185).
Mit einem Krisen- oder Sicherheitsplan wird unter anderem schriftlich festgehalten, anhand welcher Frühwarnzeichen erkannt werden kann, dass der Krisen- oder Sicherheitsplan angewendet werden muss. Weiterhin geht es darum, was ein Patient selbst tun kann, wenn es ihm schlecht geht, oder an wen er sich konkret in einer Krise wenden kann. Krisen- oder Sicherheitspläne können ohne hierarchische Gliederung in den Worten der Patienten formuliert werden. Daneben gibt es auch hierarchisch aufgebaute Sicherheitspläne, die gemeinsam mit den Patienten und Patientinnen individuell erstellt werden und bei denen die betroffene Person Schritt für Schritt vorgehen soll.

Beispiel Sicherheitsplan A (nach RUDD u. a. 2006)
Wenn ich meine suizidalen Gedanken in Handlungen umsetze und beispielsweise anfange, ein Gewehr zu suchen (oder eine andere Selbsttötungsmethode in Erwägung ziehe), bin ich hiermit einverstanden, die folgenden Schritte zu unternehmen:
Schritt 1: Ich werde versuchen herauszufinden, was genau mich aufwühlt.
Schritt 2: Ich halte vernünftigere Verhaltensweisen im Umgang mit meinen Suizidgedanken, einschließlich Gedanken über mich selbst, über andere und die Zukunft, schriftlich fest und überdenke das Geschriebene bei Bedarf ab und zu.
Schritt 3: Ich überdenke alle Schlüsse, zu denen ich in früheren Behandlungsnotizen gekommen bin: beispielsweise, dass der sexuelle Missbrauch nicht meine Schuld war und ich mich für nichts schämen muss.
Schritt 4: Ich versuche, während mindestens 30 Minuten Dinge zu tun, die mir helfen, mich besser zu fühlen (Musik hören, Sport treiben, meinen besten Freund anrufen).
Schritt 5: Die Schritte 1–4 mindestens einmal wiederholen.
Schritt 6: Wenn die Gedanken andauern, spezifisch werden und ich mich darauf vorbereite, sie in die Tat umzusetzen, rufe ich meine Notfallbezugsperson unter dieser Telefonnummer an: Name, Vorname, Beziehung zu mir:

Telefonnummer:
Schritt 7: Wenn ich mich immer noch suizidal fühle und nicht das Gefühl habe, mein Verhalten kontrollieren zu können, werde ich zu folgendem Kriseninterventionszentrum gehen:

Adresse:

Telefonnummer:

Der Sicherheitsplan sollte immer in der Sprache des Patienten und am besten von ihm selbst aufgeschrieben werden. Bei der Erstellung eines Sicherheitsplans ist es wichtig, dass die hinterlegten Inhalte realistisch sind und den Patienten, die Patientin, nicht überfordern. Beispielsweise sollte jemand, der Joggen als Copingstrategie formuliert, nicht jemand sein, der noch nie gejoggt ist und erst in Zukunft damit anfangen will.

Aus diesem Grund sollte nach der Fertigstellung des Sicherheitsplans nochmals eingehend geprüft werden, inwieweit er auch tatsächlich umsetzbar ist. Die Pflegeperson kann dazu die folgenden Fragen stellen (Stanley & Brown 2008):

- »Wie wahrscheinlich ist es, dass Sie den Sicherheitsplan verwenden, wenn Sie die gerade von uns angesprochenen Warnzeichen bemerken?«
- »Was könnte Ihnen im Weg stehen oder welche Probleme könnten auftauchen, dass Sie Ihren Sicherheitsplan nicht verwenden?«
- »Lassen Sie uns darüber sprechen, was Sie tun könnten, um mit diesen Schwierigkeiten besser umzugehen, damit Sie Ihren Sicherheitsplan auch anwenden können, wenn Sie ihn am meisten brauchen.«

Es sollte auch darauf geachtete werden, dass Telefonnummern und Adressen korrekt sind und dass zu den aufgeführten Personen und Institutionen auch wirklich ein Kontakt hergestellt werden kann. Natürlich müssen namentlich aufgeführte Personen wissen, dass sie im Sicherheitsplan erwähnt werden.
Angehörige oder enge Bezugspersonen sollten bei der Entwicklung des Sicherheitsplans einbezogen werden. Dazu gehört auch, dass sie genau darüber informiert werden, warum diese Vorgehensweise wichtig ist (siehe Wissen vermitteln, S. 93 ff.).

Beispiel **Sicherheitsplan B** (nach Stanley & Brown 2008, 2012)

1. Warnzeichen, Warnsignale

Gedanken, Verhalten, Emotionen, Denkprozesse, »innere Bilder« usw.
Frage: Wann weißt du, dass du den Sicherheitsplan benötigst? Was erlebst du, wenn du beginnst, über Suizid nachzudenken, oder wenn du dich extrem depressiv fühlst?

- Wenn ich betrübt bin und traurig
- Wenn ich mich ärgere
- Wenn ich mich selbst hasse

2. Copingstrategien, die ich allein anwenden kann

Dinge, die ich tun kann, um mich von meinen Problemen abzulenken, ohne andere Personen zu kontaktieren
Frage: Was kannst du selbst tun, wenn du wieder suizidal wirst, ohne andere Menschen zu kontaktieren? Was glaubst du, inwieweit bist du in der Lage, diesen Schritt in einer Krise durchzuführen?

- Mit dem Hund spazieren gehen
- Fernsehen und mich auf die Sendung konzentrieren
- Joggen gehen
- Ein heißes Schaumbad nehmen und tief durchatmen
- In meine Hoffnungsbox schauen
- An meine Coping-Karte denken: »Das ist vorübergehend, ich kann das überstehen.«

3. Menschen und soziale Settings, die mich ablenken

Frage: Wer oder welches Setting hilft dir, damit es dir wieder besser geht?

- In der Stadt beim Riesenschach im Freien zuschauen

4. Menschen, die ich gezielt um Hilfe bitten kann

Frage: Wer in deiner Familie oder von deinen Freunden unterstützt dich in einer Krise bzw. mit wem kannst du in einer Krise reden?

- Ich rede mit meinem Bruder darüber, was mich stört
- Ich rufe meinen besten Freund unter der folgenden Nummer an:

  ……………………………………………………………………

5. Professionelle und Einrichtungen, die ich in Krisen kontaktieren kann

- Ich rufe Dr. Mayer (Di, Mi, Do, Fr) unter der folgenden Nummer an:

  ……………………………………………………………………
- Ich rufe das Kriseninterventionszentrum unter der folgenden Nummer an: ………………………………………………………………

6. Die Umgebung sicher halten

- Mein Jagdgewehr gebe ich vorübergehend meinem Bruder zur Aufbewahrung.

Hinweis: Wenn der vorhergehende Schritt nicht ausreicht, soll der nächste verwendet werden!

Mit dem Patienten muss geklärt werden, wo er den Sicherheitsplan aufbewahrt und ob er beispielsweise den Handlungsplan immer mit sich führt. Damit der Sicherheitsplan in einer Krisensituation zuverlässig angewendet werden kann, sollte dies auch regelmäßig geübt werden, indem zum Beispiel alle Punkte gedanklich durchgegangen und in der Form eines Rollenspiels trainiert werden. Ein Sicherheitsplan sollte zeitweise evaluiert und gegebenenfalls aktualisiert werden.

Negative Gedanken und Überzeugungen ersetzen: Kognitive Umstrukturierung

Interventionen, die sich auf das Denken des Patienten, der Patientin, beziehen, verfolgen in erster Linie das Ziel, negative Gedanken und Überzeugungen durch hilfreichere und konstruktivere Gedanken zu ersetzen. Dahinter steht die zentrale Überlegung aus der kognitiven Therapie, dass die Gedanken eines Menschen einen wesentlichen Einfluss auf seine Emotionen haben und somit auch auf die daraus resultierenden Handlungen. Was zum Beispiel Frau Müller (S. 99) über den Streit mit ihrem Chef denkt, ist wesentlich dafür, welche Emotionen sie empfindet und wie sie sich verhält. Die kognitive Therapie spricht von »kognitivem Umstrukturieren«, wenn versucht wird, über eine Veränderung des Denkens die Emotionen und das Verhalten positiv zu beeinflussen.

Gerade beim Thema Suizidalität ist es deshalb wichtig zu wissen, was jemand kurz vor der suizidalen Krise denkt oder was für Überzeugungen im Spiel sind. Es macht einen großen Unterschied, ob jemand denkt: »Ich weiß nicht, wie ich das überstehen soll« oder ob jemand denkt: »Ich werde das überstehen«. Die wichtigsten Überzeugungen, die betroffene Menschen kurz vor einer suizidalen Krise haben, können in drei Bereiche eingeteilt werden (Wenzel u. a. 2009):

- Die Überzeugung, hilflos zu sein:

»Ich bin inkompetent.«
»Ich finde keinen Ausweg.«
»Ich komme mit nichts klar.«

- Die Überzeugung, nicht liebenswert zu sein:

»Ich bin unattraktiv.«
»Ich bin langweilig.«
»Ich habe nichts zu bieten.«

- Die Überzeugung, wertlos zu sein:

»Ich bin eine Last für andere.«
»Ich verdiene es nicht, zu leben.«
»Ich bin der letzte Dreck.«

Das Vorgehen zur kognitiven Umstrukturierung von wenig hilfreichen Gedanken ist ein relativ aufwendiger Prozess, der sich in fünf Schritten vollzieht (Wilken 2008, S. 42 f.):

1. Vermitteln des kognitiven Modells,
2. Identifikation wenig hilfreicher Gedanken,
3. Infragestellen der wenig hilfreichen Gedanken,
4. Entwickeln von neuen, hilfreicheren Gedanken,
5. Einübung der neuen, hilfreicheren Gedanken.

Vermitteln des kognitiven Modells → Damit negative, wenig hilfreiche Gedanken und Überzeugungen verändert werden können, muss der Patientin, dem Patienten, zunächst das kognitive Modell vermittelt werden. Er muss verstehen, dass es einen Zusammenhang zwischen dem eigenen Denken und den dadurch ausgelösten Emotionen und daraus resultierenden Verhaltensweisen gibt. Dazu gehört auch die Erkenntnis, dass nicht die auslösende Situation selbst, zum Beispiel das Verhalten des Chefs, die Emotionen und das Verhalten bestimmen, sondern das eigene Denken. WILKEN (2008) beschreibt in ihrem Buch zu den Methoden der kognitiven Umstrukturierung eine Möglichkeit, das kognitive Modell zu erklären, die ursprünglich von BECK u. a. (2001) stammt.

Beispiel **Mögliches Vorgehen, um das kognitive Modell zu erläutern** (nach WILKEN 2008, S. 47)

Pflegeperson: Die Art, wie jemand über ein Ereignis denkt oder es interpretiert, beeinflusst seine Gefühle und sein Verhalten. Lassen Sie uns zum Beispiel annehmen, dass jemand nachts allein zu Hause ist und im Nebenzimmer ein Geräusch hört. Wie fühlt er sich wohl, falls er glaubt: »Da ist ein Dieb!«?

Patientin: Sehr ängstlich, zu Tode erschreckt.

Pflegeperson: Und wie könnte er sich verhalten?

Patientin: Er könnte versuchen, sich zu verstecken, oder wenn er klug ist, die Polizei anzurufen.

Pflegeperson: O. k., wenn die Person also denkt, ein Dieb hätte das Geräusch verursacht, würde sie wahrscheinlich Angst empfinden und versuchen, sich zu schützen. Jetzt wollen wir annehmen, die Person hätte dasselbe Geräusch gehört und gedacht: »Die Fenster wurden nicht geschlossen und nun hat der Wind etwas umgeblasen.« Wie würde sie sich fühlen?

Patientin: Nun, sie hätte keine Angst. Sie ist vielleicht traurig bei dem Gedanken, dass etwas Wertvolles kaputtgegangen sein könnte, oder sie ist vielleicht verärgert, weil eines ihrer Kinder das Fenster offen gelassen hat.

Pflegeperson: Würde die Person sich bei diesem Gedanken anders verhalten?
Patientin: Sicher, sie würde wahrscheinlich nachsehen, was los ist. Sie würde sicher nicht die Polizei rufen.
Pflegeperson: Gut, dieses Beispiel zeigt also, dass es im Allgemeinen mehrere Möglichkeiten gibt, eine Situation zu interpretieren, und dass die Art, wie man eine Situation interpretiert, die Gefühle und das Verhalten beeinflusst.

Identifikation wenig hilfreicher Gedanken → Nach der Erläuterung des kognitiven Modells geht es darum, die negativen Gedanken und Überzeugungen zu identifizieren, die im Zusammenhang mit suizidalen Krisen auftreten. Hier können das Fokusassessment (siehe S. 38 ff.) und das narrative Interview (siehe S. 67 ff.) bereits wichtige Hinweise liefern, was jemand kurz vor der suizidalen Krise denkt beziehungsweise welche Überzeugungen er damit verbindet.
Ein Hilfsmittel zur Identifikation von negativen Gedanken und Überzeugungen vor einer suizidalen Krise kann ein Selbstbeobachtungsbogen sein. Er ermöglicht eine systematische Analyse der Gedanken, die unangenehme Gefühle und somit ein wenig hilfreiches Verhalten auslösen (siehe Abbildung 14).
Die Patientin, der Patient, notiert eine auslösende Situation, in der bestimmte Gedanken aufgetreten sind. Danach beschreibt sie oder er die damit verbundenen Gefühle und das aufgetretene Verhalten. Im letzten Feld können die neuen, veränderten Gedanken eingetragen werden, die hilfreicher für den Umgang mit der Situation sind.

Abbildung 14 **Selbstbeobachtungsbogen zur kognitiven Umstrukturierung** (nach Rudd u. a. 2001, S. 204)

Trigger	Gedanke	Gefühl	Verhalten	Neuer Gedanke
Auseinandersetzung mit meiner Frau. Sie ist gegangen und ich war alleine zu Hause.	Ich bin wertlos und verdiene es nicht zu leben.	Ärger, Frustration, Traurigkeit, Hilflosigkeit	Zu Hause zurückgezogen, viel Alkohol getrunken, mit niemandem geredet	Ich bin nicht wertlos, aber ich bin sehr aufgebracht.

Die gesamte Selbstbeobachtung kann noch differenziert werden, indem die Dauer und die Intensität der Gedanken und Gefühle beschrieben werden. Zur Beschreibung der Intensität kann eine Skala von 1 = gar nicht intensiv bis 10 = extrem intensiv verwendet werden.

Infragestellen der wenig hilfreichen Gedanken → Damit ein neuer, hilfreicherer Gedanke formuliert werden kann, muss der vertraute, weniger hilfreiche Gedanke zunächst infrage gestellt werden. Dies geschieht in einem Gespräch mit der Patientin, dem Patienten, das im Fachjargon der kognitiven Umstrukturierung Disput genannt wird und in dem häufig der sogenannte »sokratische Dialog« (Stavemann 2003) zur Anwendung kommt. Mit dem sokratischen Dialog ist keine spezifische Kommunikationstechnik verbunden. Es handelt sich eher darum, dem Patienten durch gezielte Fragen Widersprüche aufzuzeigen und ihn zum selbstständigen Reflektieren seiner Gedanken anzuregen. Dabei können zum Beispiel auch die Gedanken aus dem zuvor beschriebenen Selbstbeobachtungsbogen in den Disput eingebunden werden.

Konkret kann die Pflegeperson die folgenden Fragen stellen, um Widersprüche zwischen dem Denken und den Zielen der Patientin, des Patienten, aufzudecken (Wilken 2008, S. 91 f.):

- »Hilft dieser Gedanke Ihnen, sich so zu fühlen, wie Sie es möchten?«
- »Hilft dieser Gedanke Ihnen, sich so zu verhalten, wie Sie es möchten?«
- »Wie werden Sie sich fühlen/verhalten, solange Sie das glauben?«
- »Was bringt es Ihnen (langfristig), so zu denken?«
- »Lassen Sie uns einmal Ihre Überzeugungen näher betrachteten: Welche Vorteile/Nachteile hat diese Überzeugung für Sie?«
- »Wie weit werden Sie damit kommen, wenn Sie weiter diese Auffassung vertreten? Lohnt sich das?«
- »Wie würden Sie sich stattdessen fühlen/verhalten können, wenn Sie überzeugt davon wären, dass …?« (Pflegeperson bietet eine hilfreiche Kognition an.)

Wenn die Pflegeperson Widersprüche zwischen dem Denken der Patientin, des Patienten, und der Realität entdeckt, kann sie folgende Fragen stellen (Wilken 2008, S. 93 f.):

- »Beruht dieser Gedanke auf Tatsachen? Ist diese Annahme zutreffend?«

- »Wo ist der Beweis für die Richtigkeit dieses Gedankens? Welchen Beleg haben Sie dafür?«
- »Woher wissen Sie das? Können Sie mir dafür Beispiele nennen?«
- »Was spricht für Ihre Annahme, was dagegen? Welche Anhaltspunkte haben Sie dafür/dagegen? Welche Ihrer bisherigen Erfahrungen sprechen dafür/dagegen?«
- »Wie können Sie das wissen (was z. B. Person X von Ihnen denkt)? Können Sie Gedanken lesen?«
- »Wie können Sie so sicher sein, dass es in Zukunft immer so sein wird?«
- »Woher wissen Sie, dass das wahr ist? Welche anderen Möglichkeiten gibt es, das zu erklären?«

Die Pflegeperson kann auch den Versuch unternehmen, durch einen Rollenwechsel beim Patienten, bei der Patientin, eine stärkere Distanz zum eigenen Denken zu bewirken, indem sie zum Beispiel Folgendes fragt (Wilken 2008, S. 95 f.):

- »Was würden Sie einem guten Freund sagen, der eine solche Meinung/Überzeugung verträte? Was würden Sie ihm raten? Was käme Ihnen da spontan in den Sinn? Warum gilt das nicht auch für Sie?«
- »Lassen Sie uns die Rolle tauschen: Wie würden Sie mir als Patient gegenüber argumentieren, wenn ich diese Auffassung hätte?«

Entwickeln von neuen, hilfreicheren Gedanken → Nachdem die wenig hilfreichen Gedanken und Überzeugungen identifiziert und infrage gestellt wurden, müssen neue, hilfreichere Gedanken gefunden und formuliert werden. Dabei muss darauf geachtet werden, dass die neuen Gedanken sich ganz spezifisch auf die analysierte Problemsituation beziehen und dass die Formulierungen des Patienten, der Patientin, verwendet werden (es sollten keine Vorgaben gemacht werden). Die Pflegeperson kann folgendermaßen vorgehen (Wilken 2008, S. 157 f.):

- »Was könnten Sie sich stattdessen sagen, wenn Sie das nächste Mal mit einer ähnlichen Situation konfrontiert sind?«
- »Was müssten Sie sich in der Situation A sagen, damit Sie sich so fühlen/verhalten können, wie Sie es möchten?«
- »Was könnten Sie also statt des üblichen Gedankens in Situation A denken?«
- »Können Sie sich vorstellen, welches innere Selbstgespräch hilfreicher für Sie wäre, wenn Sie noch mal in Situation A kommen?«

Einübung der neuen, hilfreicheren Gedanken → Wenn gemeinsam mit dem Patienten, der Patientin, hilfreichere Gedanken in Bezug zu einer suizidalen Krise entwickelt wurden, geht es darum, die neuen Gedanken auch einzuüben. Damit soll sich ein entsprechender gedanklicher Automatismus beim Patienten einstellen.

Dies kann einerseits dadurch erfolgen, dass der Patient, die Patientin, die Aufgabe bekommt, die neuen Gedanken immer wieder durchzulesen, sie zunächst sich selbst laut und dann leise vorzusagen. Eine weitere Möglichkeit besteht darin, die besonders wichtigen Gedanken auswendig zu lernen und sie innerlich mehrmals am Tag zu wiederholen.

Neue, hilfreichere Gedanken können auch in der Vorstellung geübt werden. Dazu muss der Patient, die Patientin, sich möglichst konkret die Situation vorstellen, in der die neuen Gedanken benötigt werden. Zum Beispiel ein heftiger Streit mit dem Partner, der Partnerin. Das weitere Vorgehen besteht dann darin, anstatt des alten Gedankens nur noch den neu eingeübten zu verwenden (mit dem Ziel, sich entsprechend zu fühlen, Wilken 2008, 169 ff.).

Eine andere Möglichkeit ist, auf Coping-Karten (siehe Abbildung 15), laminierte Kärtchen in Kreditkartengröße, die Ergebnisse der kognitiven Umstrukturierung festzuhalten, damit sie der Patient, die Patientin, immer mit sich führen kann (Wenzel u.a. 2009). Auf der Vorderseite wird der ursprüngliche, wenig hilfreiche Gedanke im Zusammenhang mit der suizidalen Krise formuliert. Auf der Rückseite der neue, hilfreichere Gedanke, der gemeinsam mit der Pflegeperson erarbeitet wurde. Es ist auch möglich, auf der Rückseite anstatt eines neuen Gedankens eine Art Handlungsanweisung zu notieren, die auch in einem Krisen- oder Sicherheitsplan stehen könnte.

Eine einfache, schnell umsetzbare Intervention ist das Erstellen einer Gründe-zu-leben-Liste. Auf einer entsprechenden Liste notiert eine Patientin ihre Gründe zu leben. Das Ziel ist, sich in einer Krisensituation die mit dem Leben verbundenen Gründe eindringlich und schnell vergegenwärtigen zu können (Wenzel u.a. 2009). Die Selbstbeurteilung der Suizidgefährdung mit dem Suicide Status Form II liefert bereits Daten und Anhaltspunkte für das Erstellen einer entsprechenden Liste (siehe S. 46 ff.). Auf einer Gründe-zu-leben-Liste können die verschiedensten Dinge aufgenommen werden, zum Beispiel Angehörige, Freunde, Tiere, Ziele, Beruf, spirituelle Erfahrungen oder kulturelle Aktivitäten.

Eine weitere Möglichkeit besteht darin, eine neue Lebensphilosophie (Rudd u. a. 2001, S. 209 f.) zu entwickeln, die weniger rigide, flexibler und effektiver ist. Dazu wird versucht, gemeinsam mit der Patientin eine Erklärung zur persönlichen Lebensphilosophie zu erstellen. In diese Erklärung können viele Dinge einfließen, die zuvor im Rahmen der Bezugspersonengespräche gemeinsam mit der Patientin erarbeitet wurden.

Abbildung 15 **Beispiele für Coping-Karten**
(links = vorn, rechts = hinten, nach Bryan & Rudd 2011)

vorn	hinten
»Ich kann gar nichts tun, wenn ich an Suizid denke.«	1. Lege eine Zeit fest, um eine Aktivität durchzuführen (5–30 Minuten). 2. Führe die Aktivität für die festgelegte Zeit durch, gerade auch bei Suizidgedanken. 3. Nach durchgeführter Aktivität entscheide, ob du nochmals wiederholst.
»Ich kann das nicht mehr länger ertragen.«	»Das ist vorübergehend, ich kann das überstehen.«

Beispiel **Erklärung zur persönlichen Lebensphilosophie** (nach Rudd u. a. 2001, S. 210)

Nach einer sorgfältigen Beurteilung, die mich viel Zeit und Energie gekostet hat, entscheide ich mich, die folgenden Regeln für mein Leben aufzustellen:

Ich akzeptiere die Tatsache, dass ich nicht perfekt bin und es auch nie sein werde.

Ich versuche, aus allem das Beste zu machen, und versuche, mich dabei gut zu fühlen.

Ich nehme jeden Tag die Dinge wahr, die ich gut mache.

Ich identifiziere die Dinge, die ich bei mir, anderen und der Welt um mich herum nicht ändern kann. Ich arbeite daran, diese Dinge zu akzeptieren. Ich akzeptiere, dass mir schlechte/schlimme Dinge widerfahren können und dass ich lernen muss, damit umzugehen.

Positive Emotion fördern: Hope-Box

Eine Maßnahme, die auf die emotionale Ebene des suizidalen Modus abzielt, ist die »Hope-Box«, die gelegentlich auch als »Survival Kit« bezeichnet wird. Die Hope-Box wird von einigen Experten als eine sehr wirkungsvolle Methode bezeichnet, um die Mental-Pain-Phase des unerträglichen Schmerzes überstehen zu können (JOBES 2006; WENZEL u.a. 2009; BRYAN & RUDD 2011). Ziel der Intervention ist es, positive Gefühle zu wecken.

Als Hope-Box kann eine Mappe, ein Kästchen, ein Schuhkarton oder eine kleine Handtasche verwendet werden. Wichtiger als die Hülle sind die Gegenstände, die darin aufbewahrt werden und die durch Betrachten, Berühren, Hören oder Riechen gute Erfahrungen und Erinnerungen hervorrufen und die Verbindung zum Leben fördern können. Hier ist eine Liste von Gegenständen, die sich in einer »Hope-Box« befinden können:

- Fotos (Frau, Kinder, Familie, Verwandte, Tiere, Urlaub usw.),
- Hundeleine,
- parfümierte Gegenstände,
- Souvenirs,
- selbst gemaltes Bild der Kinder,
- etwas Gebasteltes,
- CD mit besonderen Liedern,
- Auszeichnungen (Pokal, Medaille, Urkunde, Abschlusszeugnis),
- Kunstgegenstände,
- Lieblingsbuch,
- Schmuck,
- Geschenke von bedeutsamen Personen,
- Parfüm,
- Kinderspielzeug,
- Glücksstein,
- Plüschtier,
- Kleidungsstück,
- religiöse Gegenstände.

Damit die ausgewählten Gegenstände auch wirklich geeignet sind, bei der Patientin, beim Patienten, positive Assoziationen zu wecken, sollte sich die Pflegeperson jeweils die Geschichte erzählen lassen, die hinter jedem einzelnen Gegenstand steht (»Erzählen Sie mir doch einmal die persönliche Geschichte, die hinter ... steht«). Dadurch soll die Wahrscheinlichkeit verringert werden, dass ein bestimmter Gegenstand unter Umständen eher einen suizidalen Zustand auslöst, anstatt unterstützend zu wirken, zum Beispiel wenn eine Patientin das Bild der »liebenden Eltern« hinterlegen möchte, der abgebildete Vater aber die Patientin in der Vergangenheit missbraucht hat (BRYAN & RUDD 2011, S. 139). Wenn die Patientin erzählt, warum gerade dieser Gegenstand in der persönlichen »Hope-Box« aufbewahrt werden soll, sollte die Pflegeperson durch einfühlsames Nachfragen darauf achten, welche emotionalen Zustände durch die ausgewählten Gegenstände bei der Patientin ausgelöst werden. Das Nachfragen hilft nicht nur, eventuellen Triggern auf die Spur zu kommen, es kann auch die Intensität der positiven Gefühle bei den Erinnerungen und Erfahrungen verstärken. Die Pflegeperson ist also in jedem Fall gut beraten, die folgenden Fragen zu stellen (BRYAN & RUDD 2011, S. 140):

- »Wie kamen Sie zu diesem Gegenstand?«
- »Was bedeutet dieser Gegenstand für Sie persönlich?«
- »Warum haben Sie diesen Gegenstand über all die Jahre aufbewahrt?«
- »Welche Geräusche/Farben/Gerüche verbinden Sie mit diesem Gegenstand?«
- »Wenn Sie an den Gegenstand denken, was geht Ihnen dann durch den Kopf oder was fühlen Sie?«
- »Fühlen Sie sich besser oder schlechter, wenn Sie an den Gegenstand denken?«
- »Führen die Gedanken und Gefühle zu diesem Gegenstand dazu, dass Sie weniger/stärker den Wunsch verspüren, Suizid zu begehen?«

Die »Hoffnungsbox« enthält Gegenstände, die es der Patientin, dem Patienten, in einer suizidalen Krise ermöglichen sollen, selbst positive Gefühle zu erzeugen. Damit soll das Selbstmanagement gestärkt werden. Die Patientin erlebt weniger Hilf- und Machtlosigkeit, sie hat das Gefühl, die Situation meistern zu können, was zu mehr Hoffnung und

Zuversicht hinsichtlich der Zukunft und der eigenen Fähigkeiten führen kann.

Den Körper entspannen und Achtsamkeit üben

Für Interventionen, die sich auf die körperliche Ebene beziehen, gibt es viele Ansatzpunkte. Allen gemeinsam ist, dass die Patientin, der Patient, Fähigkeiten lernt, mit Phänomen wie Stress, Wut, Ärger und Angst besser umzugehen. Hierzu eignen sich die verschiedensten Entspannungstechniken und Sport- und Bewegungsprogramme, beispielsweise autogenes Training, progressive Muskelrelaxation, Meditation, Atemübungen und Sport (Laufen, Fahrradfahren, Schwimmen, Krafttraining usw.).

Eine besondere Rolle kommt dabei Achtsamkeitsübungen zu, die mit Erfolg bei den verschiedensten Krankheitsbildern eingesetzt werden, vor allem im Rahmen der Dialektisch-Behavioralen Therapie von Menschen mit einer Borderline-Störung.

Das Training in Achtsamkeit kann sehr hilfreich und wirkungsvoll sein, um körperlichen und seelischen Stress zu mindern; daneben kann die bewusste Wahrnehmung von Frühwarnzeichen für suizidale Handlungen unterstützt werden (Bohus & Wolf 2011, S. 91).

Achtsamkeit ist eine Methode, die ihren Ursprung im Zen-Buddhismus hat und bei der es darum geht, den Augenblick nicht wertend wahrzunehmen. Von Kabat-Zinn (2004, S. 104) stammt eine der am häufigsten verwendeten Definitionen für Achtsamkeit: »Das Bewusstsein, das entsteht, indem man der sich entfaltenden Erfahrung von einem Moment zum anderen bewusst seine Aufmerksamkeit widmet, und zwar im gegenwärtigen Augenblick und ohne dabei ein Urteil zu fällen.«

Wie kann eine Patientin, ein Patient, zu mehr Achtsamkeit und damit zu mehr Kontrolle über sich selbst kommen? Um Achtsamkeit gezielt und wirkungsvoll einsetzen zu können, ist es von großer Bedeutung, regelmäßig zu üben. Es werden etwa 15 Minuten pro Tag empfohlen (Bohus & Wolf 2011, S. 91 ff.).

Im Wesentlichen werden bei Achtsamkeitstrainings drei Was-Modalitäten (Beobachten, Beschreiben, Teilnehmen) und drei Wie-Modalitäten (nicht bewertend, konzentriert, wirkungsvoll) geübt (Bohus & Huppertz 2006):

Was-Modalitäten → Unter Beobachten wird aufmerksames, nicht bewertendes Wahrnehmen verstanden (z.B. die unterschiedlichen Konturen der Wolken am Himmel beobachten). Beschreiben hingegen meint die Verbalisierung des Beobachteten ohne Wertung und Interpretation. Mit Teilnehmen ist das fokussierte, uneingeschränkte und konzentrierte Beschäftigen mit einer bestimmten Tätigkeit gemeint (z. B. Bogenschießen und Jonglieren erfordern Konzentriertheit, Ablenkung führt zu Misslingen) (Bohus & Huppertz 2006).

Wie-Modalitäten → Hier geht es um die Fertigkeit, eine nicht bewertende Haltung einzunehmen (die Dinge sind so, wie sie jetzt sind). Konzentriert sein bedeutet, fokussiert und mit ganzer Aufmerksamkeit bei einer Sache sein (z. B. hingebungsvolles Schmecken einer Rosine). Unter wirkungsvoll wird verstanden, zum richtigen Zeitpunkt das Richtige zu tun (nicht mit dem Kopf durch die Wand, sondern die Spielregeln berücksichtigend).

Eine Vielzahl von Übungen zu den Fertigkeiten der Was- und Wie-Modalitäten werden in zahlreichen Fachbüchern beschrieben und erläutert (z. B. Sendera & Sendera 2007; Bohus & Wolf 2011).

Übergangsbegleitung

Das Erlernen von Bewältigungsstrategien während der stationären Aufenthalte ist eine wichtige Fähigkeit, die den Patienten und Patientinnen gerade nach der Entlassung zur Verfügung stehen sollte. Nicht nur bei den zuletzt vorgestellten Achtsamkeitsübungen ist ein ausdauerndes Üben wichtig. Deshalb ist eine Kooperation zwischen den Klinikmitarbeitenden und den ambulanten Diensten zur kontinuierlichen Begleitung von Menschen nach einem Suizidversuch oder nach einer suizidalen Krise sicherzustellen, auch weil der Übergang von der stationären in die ambulante Versorgung ein erhöhtes Risiko für suizidgefährdete Patienten darstellt (Finzen 1997). Insbesondere in der ersten Woche nach einer Entlassung ist das Suizidrisiko besonders hoch (Qin & Nordentoft 2005; Reutfors u. a. 2010).

Wenn die Ambulante Psychiatrische Pflege (Hemkendreis & Hasslinger 2014) oder eine Mitarbeiterin des Betreuten Wohnens die weitere Begleitung übernimmt, kann eine Pflegeüberleitung in der Regel unproblematisch organisiert werden; im günstigsten Fall war die Bezugsperson schon vor der Entlassung auf der Station und hat mit der stationären Pflegefachperson und der Patientin, dem Patienten, gesprochen.

In jedem Fall sollte man sich vergewissern, ob eine Nachbetreuung gesichert ist. Nicht akzeptabel ist es, die Verantwortung für die Patientin,

den Patienten, nur bis zur Entlassung zu übernehmen. Dies ist gerade bei den Patientinnen und Patienten problematisch, die eine höhere Suizidgefährdung aufweisen (Grieser u.a. 2013).
Damit es nicht so häufig zu Versorgungsunterbrechungen kommt, wurde in der Schweiz die Kurzintervention »Übergangsbegleitung« entwickelt (Hegedüs u.a. 2013), die ein Leitfaden für die Begleitung von Patientinnen und Patienten in der Schlussphase der stationären Behandlung sein kann, die erstmalig aufgenommen wurden oder deren weitere Begleitung nicht durch ambulante Dienste und Einrichtungen übernommen wird. Die Kurzintervention nutzt die durch die Pflegeperson aufgebaute Beziehung zur Unterstützung der Patientin, des Patienten, in der vulnerablen Entlassungsphase. Die Kurzintervention besteht aus drei Elementen:

- Gespräch über mögliche Stolpersteine nach der Entlassung,
- Vereinbarung der Begleitmaßnahmen,
- Durchführung der Begleitmaßnahmen nach der Entlassung.

Gespräch über mögliche Stolpersteine nach der Entlassung → In einem Gespräch wird versucht, schwierige Situationen zu identifizieren, die nach der Entlassung aus der Sicht des Patienten auftreten könnten. Dazu werden dem Patienten, der Patientin, die sogenannten Stolpersteinkarten vorgelegt, die den Coping-Karten (S. 110f.) nicht unähnlich sind. Die Stolperstein-Karten sind laminierte Karten mit einer Vorder- und einer Rückseite. Auf der Vorderseite sind die »Stolpersteine« aufgeführt, die nach der Entlassung auftreten können. Auf der Rückseite befinden sich Beispiele in Form von thematischen Ankerpunkten. Insgesamt gibt es elf Stolperstein-Karten, die mit der Patientin, dem Patienten, gemeinsam durchgegangen werden. Der Patient soll die Karten so sortieren, dass die für ihn spezifischen Problembereiche benannt werden. Außerdem können die Stolperstein-Karten nach Bedeutsamkeit und Dringlichkeit sortiert werden. Wichtig ist, dass sich die Patientin, der Patient, mit ganz konkreten Situationen nach der Entlassung befasst und dafür konkrete Lösungen überlegt.
Die elf »Stolpersteine« mit Beispielen für thematische Ankerpunkte sind:

- »Bis ich zu Hause angekommen bin, ...«
  Beispielhafte Rückseite: »... sich fremd fühlen, aufgeregt sein, Unsicherheit und Ungewissheit«

- »Wenn ich in meiner Nachbarschaft ... zum ersten Mal wieder treffe ...«
  Beispielhafte Rückseite: »... peinliche Begegnung, Was sagen? Widersprüchliche eigene Gedanken und Gefühle«
- »Wenn ich Familienangehörige oder enge Freunde zum ersten Mal wieder treffe ...«
  Beispielhafte Rückseite: »... Schuldgefühle oder Wutgefühle, überlastet sein mit der Begegnungsgestaltung«
- »Wenn ich wieder mit ... zusammenwohnen muss, ...«
  Beispielhafte Rückseite: »... Einmischung? Wie viel Abgrenzung? Wie finde ich meine Rolle wieder?«
- »Wenn ich dringend etwas brauche, ...«
  Beispielhafte Rückseite: »... Jemanden zum Reden, mitten in der Nacht«
- »Wenn ich allein in meiner Wohnung bin, ...«
  Beispielhafte Rückseite: »... Erinnerung an Krise, Zukunftsgedanken«
- »Wenn ich eine schwierige Nacht habe ...«
  Beispielhafte Rückseite: »...«
- »Wenn ich meinen ersten Termin bei ... habe, ...«
  Beispielhafte Rückseite: »... Psychiater, wie kann ich mich trauen, vorzugehen?«
- »Wenn ich zum ersten Mal wieder zur Arbeit/zum Studium gehe, ...«
  Beispielhafte Rückseite: »... Wer weiß was? Was sage ich wem?«
- »Wenn mir alles wieder hochkommt ...«
  Beispielhafte Rückseite: »... Wenn ich nicht mehr denken kann? Wenn die Gefühle ganz stark sind?«
- »Wenn ich Medikamente brauche, ...
  Beispielhafte Rückseite: »... Einnahme? Nebenwirkungen? Rezept?«

Vereinbarung der Begleitmaßnahmen → Unter Berücksichtigung der genannten Stolperstein-Situationen wird gemeinsam mit der Patientin, dem Patienten, besprochen, welche Begleitmaßnahmen hilfreich sein könnten. Die Maßnahmen können im Aufwand minimal oder auch intensiver sein. Es gilt jedoch der Grundsatz: Mit jeder Patientin, jedem Patienten, gibt es in den ersten Tagen nach der Entlassung mindestens einen Kontakt. Folgende Kontaktmöglichkeiten können vereinbart werden:

- Die Patientin, der Patient, wird zu einem vereinbarten Termin angerufen.
- Die Patientin, der Patient, ruft zu einem vereinbarten Termin an.
- Die Patientin, der Patient, wird bis zum ersten wichtigen Nachbehandlungstermin begleitet (bis zur Tür).
- Die Patientin, der Patient, wird zu einem wichtigen ersten Termin begleitet.
- Die Patientin, der Patient, wird zu Hause besucht.
- Treffen mit der Patientin, dem Patienten (zum Beispiel im Café).
- SMS- oder E-Mail-Kontakt mit der Patientin, dem Patienten.
- In Absprache mit der Patientin, dem Patienten, wird ein gemeinsames Gespräch mit Angehörigen oder anderen geführt.
- Mit der Patientin, dem Patienten, wird ein Termin auf der Station abgemacht.

Durchführung der Begleitmaßnahmen → Die vereinbarte Begleitmaßnahme in Form der entsprechenden Kontaktaufnahme wird durchgeführt und dokumentiert. Die Kurzintervention sollte nach maximal fünf Tagen oder nicht mehr als sechs Kontaktaufnahmen beendet werden.

Motto & Bostrom (2001) konnten zeigen, dass eine briefliche Kontaktaufnahme nach der Entlassung in den folgenden zwei Jahren zu einer signifikanten Reduktion der Suizidrate im Vergleich zur Kontrollgruppe führte. Das Attempted Suicide Short Intervention Program (ASSIP, Gysin-Maillart & Michel 2103) für Patienten und Patientinnen nach einem Suizidversuch enthält aus diesem Grund ebenfalls das Element der Aufrechterhaltung der in der Therapie aufgebauten Beziehung über Briefe (im ersten Jahr alle drei Monate, im zweiten Jahr alle sechs Monate).

Es spricht also einiges dafür, die in der Klinik aufgebaute Beziehung gezielt zur Suizidprävention zu nutzen, indem die Patienten und Patientinnen regelmäßig in bestimmten Intervallen über einen längeren Zeitraum hinweg (zwei Jahre) kontaktiert werden. Natürlich ist es auch möglich, mit anderen Kommunikationsmedien zu arbeiten (Telefon, SMS, E-Mail). Der Inhalt eines Briefs kann beispielsweise darin bestehen:

- an den Klinikaufenthalt und die gemeinsamen Gespräche zu erinnern, auf den Krisenplan und die gemeinsam erarbeiteten Bewältigungsstrategien hinzuweisen;
- auf Kontaktmöglichkeiten oder Notfallnummern hinzuweisen.

Eine Aufrechterhaltung der in der Klinik aufgebauten Beziehung nach der Entlassung einer Patientin, eines Patienten, ist suizidpräventiv.

Übersicht: Interventionen zur Suizidprävention

»Den Menschen wieder mit dem Menschsein verbinden« ist das Kernelement aller Interventionen zur Suizidprävention. Zunächst geht es darum, dem suizidalen Menschen als Menschen zu begegnen, der die Verbindung zum Leben wieder herstellen kann. Der zweite Schritt besteht darin, eine tragfähige, sichere Beziehung aufzubauen und zu vermitteln, dass die größten Krisen unbeschadet überstanden werden können. Erst danach können durch die Vermittlung von Wissen und Information die ersten Schritte zurück ins Leben gemacht werden. Nach der Krise bekommen Bewältigungsstrategien eine große Bedeutung, damit auch zukünftig eine Entscheidung für das Leben und gegen eine suizidale Handlung getroffen werden kann.

Abbildung 16: Übersicht der Interventionen zur Suizidprävention

»Den Menschen wieder mit dem Menschsein verbinden«

»Ein Bild vom Menschsein widerspiegeln«	**Beziehung und Kommunikation** • Beziehungsfördernde Grundhaltung • Angleichen des eigenen Sprachstils • Validieren • Narratives Interview **Notfall- und Krisenintervention** • Kriseninterventionskonzept BELLA • Intensivbetreuung • Nonsuizid-Vertrag **Spezifische Milieuelemente** • Risikominimierung versus Beziehung
»Den Menschen zurück zum Menschsein führen«	**Wissen vermitteln** • Vulnerabilitäts-Stress-Modell • Sechs-Phasen-Modell suizidaler Krisen • Suizidaler Modus
»Lernen zu leben«	**Bewältigungsstrategien entwickeln und üben** • Krisen- und Sicherheitspläne • Kognitive Umstrukturierung • Selbstbeobachtung zur kognitiven Umstrukturierung • Coping-Karten • Gründe-zu-leben-Liste • Lebensphilosophie • Hope-Box • Entspannungstechniken, Sport • Achtsamkeit **Übergangsbegleitung** • Kurzintervention Übergangsbegleitung • Aufrechterhaltung der Beziehung durch Kontaktaufnahme

Nach einem Suizid

Trotz des Bemühens, Suizide durch eine professionelle Behandlung und Begleitung zu verhindern, finden Suizide statt. Von einem Suizid sind immer verschiedene Personengruppen betroffen: Angehörige, Freunde, Mitpatienten, das Gesundheitsfachpersonal u.a.
Nach Wolfersdorf & Etzersdorfer (2011) reagieren Angehörige häufig auf folgende Weise:

- Verleugnung (»Das kann nicht sein«);
- Verzweiflung, Depressivität, Trauer um den Verlust (»Ich brauche ihn, ich kann so nicht leben«);
- Ratlosigkeit, Verwirrtheit (»Wie konnte sie das tun?«);
- Vorwürfe an den Menschen, der sich suizidiert hat (»Wie konnte er mir das antun?«);
- Vorwürfe an Helfende (»Sie haben das nicht verhindert!«);
- Schuldgefühle, Selbstanklage (»Hätte ich doch ...«);
- Trauer, Resignation (»Da war nichts mehr möglich«);
- Drohung mit Justiz (»Das wird Folgen haben!«);
- eigene Suizidgedanken (»Mein Leben hat keinen Sinn mehr«).

Angehörige brauchen in dieser Phase vor allem mehrfache Gesprächsangebote, insbesondere dann, wenn sie Vorwürfe formulieren oder mit rechtlichen Schritten drohen. Es ist wichtig, Verständnis für ihre Gefühle zu zeigen, beispielsweise für Schuld- und Schamgefühle, aber auch für den Ärger und die Wut auf das Team oder die Klinik.
Die Gesundheitsfachpersonen in einer psychiatrischen Einrichtung reagieren häufig mit Angst (schuldig geworden zu sein, versagt zu haben, Fehler gemacht zu haben, Vorhaltungen gemacht zu bekommen) auf einen vollzogenen Suizid. Sie sorgen sich nicht selten um die Mitpatientinnen und -patienten und entwickeln mitunter selbst depressive Gefühle, trauern und erleben Gefühle von Ärger, Aggression und Kränkung (hintergangen, getäuscht und angelogen worden zu sein) (Wolfersdorf & Etzersdorfer 2011).
Auch hier ist es so, dass dem therapeutisch-pflegerischen Team Gesprächsmöglichkeiten zur Verfügung stehen sollten, die vor allem entlasten sollen und der Wiederherstellung der Arbeitsfähigkeit dienen. Weiterhin ist es wichtig, dass konkrete Regelungen und Abläufe beschrieben sind, wie bei einem Suizid vorgegangen werden muss. Es ist

hilfreich, wenn die Klinikleitung das betroffene Team unterstützt, ohne Schuldvorwürfe zu machen. Dabei sollte es vor allem um das Verstehen der Situation gehen, da dies zur Bewältigung beiträgt. Besonders geeignet sind dafür externe Supervisionen für das Team (ebd.).

Gegenüber von Mitpatientinnen und -patienten eines Menschen, der sich suizidiert hat, ist in erster Linie auf einen möglichen Werther-Effekt zu achten (siehe S. 32 f.). Wenn Mitpatientinnen und Mitpatienten über einen Suizid informiert werden, sollte daher auf übermäßige Details und eine Schilderung der Methode verzichtet werden. Wichtig ist eine klare und sachliche Information, um einer Nachahmung vorzubeugen. Das heißt nicht, dass keine Gefühle von Erschütterung, Überraschung oder Trauer vonseiten des Teams zum Ausdruck gebracht werden dürfen.

Pflege von suizidalen Menschen – Schlussbetrachtung

Pflegefachpersonen sind gut ausgebildet und verbringen von allen Berufsgruppen in der Psychiatrie die meiste Zeit mit den Patientinnen und Patienten. Pflegefachpersonen sind somit bestens dafür geeignet, einen wichtigen und notwendigen Beitrag in der fachlich anspruchsvollen Versorgung von suizidalen Menschen zu leisten, die ohne sie vermutlich gar nicht machbar wäre. Der spezielle Versorgungsbeitrag von Pflegefachpersonen ist vor allem darin zu sehen, dass sie in der suizidalen Krise durch die aktive Beziehungsaufnahme und -gestaltung für Halt und Sicherheit sorgen, sodass auf restriktive Maßnahmen weitgehend verzichtet werden kann. Nach der suizidalen Krise steht die Entwicklung von Fähigkeiten im Vordergrund, die es der Patientin, dem Patienten, ermöglichen sollen, in der Zukunft selbst besser mit der eigenen Suizidalität umzugehen. Auch hier können Pflegefachpersonen in der psychiatrischen Versorgung einen wichtigen Beitrag leisten, indem sie z. B. die Durchführung von Übungen begleiten und unterstützen.

Die Begleitung von suizidalen Menschen ist aber nicht nur fachlich anspruchsvoll, sondern persönlich fordernd und verantwortungsvoll, weil es in gewisser Weise immer um alles geht, um das Leben eines Menschen. Wer mit suizidalen Menschen arbeitet, muss mit diesem Risiko leben und umgehen können. Eine professionelle Risikobeurteilung der Suizidgefährdung und der Aufbau einer tragfähigen therapeutischen Beziehung können dieses Risiko senken, eliminieren können sie es nicht. Aber was zur Suizidprävention getan werden kann, dazu können Pflegefachpersonen mit einer patientenorientierten Haltung, individuellem Fallverstehen, Erfahrung und aktuellem Fachwissen sehr viel beitragen.

Lassen Sie mich mit den Worten meines Lieblingsautors Thomas Bernhard schließen: »Wenn wir nur einen Menschen in unserer Nähe haben, mit welchem wir letzten Endes alles besprechen können, halten wir es aus, sonst nicht« (Bernhard 1978, S. 81). Diese Worte verdeutlichen eine der Hauptbotschaften dieses Buches: Das Gespräch und die Beziehung zu einem anderen Menschen tragen in der Krise.

Ich würde mich freuen, wenn dieses Buch Kolleginnen und Kollegen ermutigt, suizidale Menschen professionell und verantwortungsbewusst zu begleiten.

Literatur

ABDERHALDEN, C. (2011a): Der Pflegeprozess. In: Sauter, D.; Abderhalden, C.; Needham, I.; Wolff, S. (Hg.): Lehrbuch psychiatrische Pflege. Bern, S. 347–378.

ABDERHALDEN, C. (2011b): Milieugestaltung. In: SAUTER, D.; Abderhalden, C.; Needham, I.; Wolff, S. (Hg.): Lehrbuch psychiatrische Pflege. Bern, S. 475–491.

ABDERHALDEN, C.; GRIESER, M.; KOZEL, B.; SEIFRITZ, E.; RIEDER, P. (2005): Wie kann der pflegerische Beitrag zur Einschätzung der Suizidalität systematisiert werden? Bericht über ein Praxisprojekt. In: Psych Pflege, 11, S. 160–164.

ABDERHALDEN, C.; NEEDHAM, I. (2011): Psychoedukation. In: SAUTER, D.; ABDERHALDEN, C.; NEEDHAM, I.; WOLFF, S. (Hg.): Lehrbuch psychiatrische Pflege. Bern, S. 533–541.

AJDACIC-GROSS, V.; LAUBER, C.; BAUMGARTNER, M.; MALTI, T.; RÖSSLER, W. (2009): In-patient suicide – a 13-year assessment. In: Acta Psychiatrica Scandinavica, 120, S. 71–75.

ALFARO-LEFEVRE, R. (1998): Applying nursing process: a step-by-step guide. Philadelphia.

ALTMAN, D.G.; BLAND, J.M. (1994): Diagnostic tests 1: sensitivity and specificity. In: British Medical Journal, 308, S. 1552.

APA – American Psychiatric Association (2003): Practice guideline for the assessment and treatment of patients with suicidal behaviours. http://psychiatryonline.org/content.aspx?bookid=28&sectionid=1673332, Online-Zugriff 25.06.2014.

ARSENAULT-LAPIERRE, G.; KIM, C.; TURECKI, G. (2004): Psychiatric diagnosis in 3275 suicides: a meta-analysis. In: BMC Psychiatry, 37, S. 1–11.

BASSLER, M.; POTRATZ, B.; KRAUTHAUSER, H. (1995): Der Helping Alliance Questionnaire (HAQ) von Luborsky. In: Psychotherapeut, 40, S. 23–32.

BAUMEISTER, R.F. (1990): Suicide as escape from self. In: Psychological Review, 1, S. 90–113.

BAXTER, D.; APPLEBY, L. (1999): Case register study of suicide risk in mental disorders. In: British Journal of Psychiatry, 175, S. 322–326.

BECK, A.T.; RUSH, A.J.; SHAW, B.F.; EMERY, G. (2001): Kognitive Therapie der Depression. Weinheim.

BECK, A.T.; WEISSMAN, A.; LESTER, D.; TREXLER, L. (1974): The measurement of pessimism: The Hopelessness Scale. In: Journal of Consulting and Clinical Psychology, 42, S. 861–865.

BECK, A.T.; WEISSMAN, A.; LESTER, D.; TREXLER, L. (1976): Classification of suicidal behaviours. II, Dimensions of suicidal intent. In: Archives of General Psychiatry, 33, S. 835–837.

BEHRENS, J.; LANGER, G. (2004): Evidence-based Nursing. Vertrauensbildende Entzauberung der Wissenschaft. Bern.

BEHRENS, J.; LANGER, G. (2010): Handbuch Evidence-based Nursing. Externe Evidence für die Pflegepraxis. Bern.

BERNHARD, T. (1972): Frost. Frankfurt.

BERNHARD, T. (1978): Ja. Frankfurt.

BJÖRKDAHL, A.; NYBERG, U.; RUNESON, B.; OMÉROV, B. (2011): The development of the suicidal patient observation chart (SPOC): Delphi study. In: Journal of Psychiatric and Mental Health Nursing, 18, S. 558–561.

BOHUS, M.; HUPPERTZ, M. (2006): Wirkmechanismen achtsamkeitsbasierter Psychotherapie. In: Zeitschrift für Psychiatrie, Psychologie und Psychotherapie, 54, S. 265–276.

BOHUS, M.; WOLF, M. (2011): Interaktives Skills-Training für Borderline-Patienten. Manual zur CD-ROM für die therapeutische Arbeit. Stuttgart.

BOLGER, E.A. (1999): Grounded theory analysis of emotional pain. In: Psychotherapy Research, 3, S. 342–362.

BORGES, G.; ROSOVSKY, H. (1996): Suicide attempts and alcohol consumption in an emergency room sample. In: Journal of Studies on Alcohol and Drugs, 57, S. 543–548.

BOWERS, L.; NIJMAN, H; BANDA, T. (2008): Suicide inside: a literature review on inpatient suicide. Report from the conflict and containment reduction research programme., Online-Zugriff 24.06.2014.

BOWLBY, J.A. (1998): Secure base. Clinical applications of attachment theory. London.

BROWN, G.K. (2000): A review of suicide assessment measures for intervention research with adults and older adults. , Online-Zugriff 24.06.2014.

BROWN, G.K.; BECK, A.T.; STEER, R.; GRISHAM, J.R. (2000): Risk factors for suicide in psychiatric outpatients: a 20-year prospective study. In: Journal of Consulting and Clinical Psychology, 68, S. 371–377.

BROWN, G.K.; TEN HAVE, T.; HENRIQUES, G.R.; XIE, S.X.; HOLLANDER, J.E.; BECK, A.T. (2005): Cognitive therapy for the prevention of suicide attempts. A randomized controlled trial. In: JAMA, 294, S. 563–570.

BRUFFAERTS, R.; DEMYTTENAERE, K.; BORGES, G.; HARO, J.M.; CHIU, W.T.; HWANG, I.; KARAM, E.G. u.a. (2010): Childhood adversities as risk factors for onset and persistence of suicidal behavior. In: British Journal of Psychiatry, 197, S. 20–27.

BRYAN, C.J.; RUDD, M.D. (2006): Advances in the assessment of suicide risk. In: Journal of Clinical Psychology, 62, S. 185–200.

BRYAN, C.J.; RUDD, M.D. (2011): Managing suicide risk in primary care. New York.

BUCHER, H.C. (2007): Kritische Bewertung von Studien zu diagnostischen Tests. In: KUNZ, R.; OLLENSCHLÄGER, G.; RASPE, H.; JONITZ, G.; DONNER-BANZHOFF, N. (Hg.): Lehrbuch Evidenzbasierte Medizin in Klinik und Praxis. Köln, S. 121–131.

BÜCHI, S. (2004): Ein Bild (des Leidens) sagt mehr als tausend Worte. In: Primary Care, 4, S. 609–612.

CASSELLS, C.; PATERSON, B.; DOWDING, D.; MORRISON, R. (2005): Long- and short-term risk factors in the prediction of inpatient suicide: a review of the literature. In: Crisis, 26, S. 53–63.

CAVANAGH, J.T.O.; CARSON, A.J.; SHARPE, M.; LAWRIE, S.M. (2003): Psychological autopsy studies of suicide: a systematic review. In: Psychological Medicine, 33, S. 395–405.

CHEHIL, S.; KUTCHER, S. (2013): Das Suizidrisiko. Abschätzung der Suizidgefahr und Umgang mit Suizidalität. Bern.

CIOMPI, L. (1982): Affektlogik. Stuttgart.

COCHRANE-BRINK, K.A.; LOFCHY, J.S.; SAKINOFSKY, I. (2000): Clinical rating scales in suicide risk assessment. In: General Hospital Psychiatry, 22, S. 445–451.

Cooper, B. (2003): Evidence-based mental health policy: a critical appraisal. In: British Journal of Psychiatry, 183, S. 105–113.

Cooper, J.; Kapur, N.; Webb, R.; Lawlor, M.; Guthrie, E.; Mackway-Jones, K.; Appleby, L. (2005): Suicide after deliberate self-harm: a 4-year cohort study. In: American Journal of Psychiatry, 162, S. 297–303.

Cotton, C.R.; Range, L.M. (1993): Suicidality, hopelessness and attitudes toward life and death in children. In: Death Studies, 17, S. 185–191.

Crosby, A.E.; Cheltenham, M.P; Sacks, J.J. (1999): Incidence of suicidal ideation and behavior in the United States, 1994. In: Suicide and Life Threatening Behavior, 29, S. 131–140.

Cullberg, J. (1978): Krisen und Krisentherapie. In: Psychiatrische Praxis, 5, S. 25–34.

Cutcliffe, J.R. (2002): Considering the care of the suicidal client and the case for engagement and inspiring hope or observations. In: Journal of Psychiatric and Mental Health Nursing, 9, S611–621.

Cutcliffe, J.R.; Barker, P. (2004): The nurses' global assessment of suicide risk: developing a tool for clinical practice. In: Journal of Psychiatric and Mental Health Nursing, 11, S. 393–400.

Cutcliffe, J.R.; Santos, J.C. (2012): Suicide and Self-Harm: an evidence-informed approach. London.

Cutcliffe, J.R.; Stevenson, C. (2007): Care of the suicidal person. London.

Cutcliffe, J.R.; Stevenson, C.; Jackson, S.; Smith, P. (2006): A modified grounded theory study of how psychiatric nurses work with suicidal people. In: International Journal of Nursing Studies, 43, S. 791–802.

De Leo, D.; Milner, A.; Xiangdong, W. (2009): Suicidal behavior in the western pacific region: characteristics and trends. In: Suicide and Life-Threatening Behavior, 39, S. 72–81.

Dorrmann, W. (2005): Pro und Contra von Verträgen bei Patienten in akuten suizidalen Krisen. In: Verhaltenstherapie, 15, S. 39–46.

Dorrmann, W. (2012): Suizid. Therapeutische Interventionen bei Selbsttötungsabsichten. Stuttgart.

DREW, B.L. (2001): Self-harm behaviour and no-suicide contracting in psychiatric inpatient settings. In: Archives of Psychiatric Nursing, 15, S. 99–106.

DRYE, R.C.; GOULDING, R.L.; GOULDING, M.E. (1973): No-suicide decisions: patient monitoring of suicidal risk. In: American Journal of Psychiatry, 130, S. 171–174.

DUBE, S.R.; ANDA, R.F.; WHITFIELD, C.L.; BROWN, D.W.; FELITTI, V.J.; DONG, M. GILES, W.H. (2005): Long-term consequences of childhood sexual abuse by gender of victim. In: American Journal of Preventive Medicine, 28, S. 430–438.

DURKHEIM, E. (1951): Suicide: a study in sociology. Glencoe (original work published 1897).

EBNER, G.; LEHLE, B. (2005): Suizidalität – Erkennen, Vorgehensweisen, rechtliche Situation. Entscheidend ist eine suffiziente Betreuung. In: Psychiatrie, 2, S. 9–13.

FEUERLEIN, W. (1971): Selbstmordversuch oder parasuizidale Handlung? Tendenzen suizidalen Verhaltens. In: Nervenarzt, 3, S. 127–130.

FIECHTER, V.; MEIER, M. (1980): Pflegeplanung. Basel.

FINZEN, A. (1997): Suizidprophylaxe bei psychischen Störungen: Prävention – Behandlung – Bewältigung. Bonn.

FREI, M.; GRIMMER, B.; MICHEL, K.; VALACH, L.; BOOTHE, B. (2012): Gelingende und misslingende Beziehungsaufnahme mit Patientinnen nach Suizidversuch. In: Forum Qualitative Sozialforschung, 13, S. 1–28.

FROTTIER, P.; KÖNIG, F.; MATSCHNIG, T.; SEYRINGER, M.-E.; FRÜHWALD, S. (2008): Das Wiener Instrument für Suizidgefahr in Haft. In: Psychiatrische Praxis, 35, S. e1–e8.

GAYNES, B.N.; WEST, S.L.; FORD, C.; FRAME, P.; LOHR, K.N. (2004): Screening for suicide risk in adults: a summary of the evidence for the U.S. preventive services task force. In: Annals of Internal Medicine, 140, S. 822–835.

GRIESER, M.; HANS, M. (2013): Wann arbeitet eine Pflegeperson milieutherapeutisch? In: Psych Pflege, 19, S. 212–218.

GRIESER, M.; LÖHR, M; KOZEL, B. (2013): Hilfe beim Weg zurück ins Leben. In: Die Schwester, der Pfleger, 52, S. 562–567.

GYSIN-MAILLART, A.; MICHEL, K. (2013): Kurztherapie nach Suizidversuch. ASSIP – Attempted Suicide Short Intervention Program. Bern.

HARBAUER, G.; RING, M.; SCHÜTZ, C.; ANDREAE, A.; HAAS, S. (2013): Suicidality assessment with PRISM-S – simple, fast, and visual. In: Crisis, 34, 131–136.

HARRIS, E.C.; BARRACLOUGH, B. (1997): Suicide as an outcome for mental disorders. A meta-analysis. In: British Journal of Psychiatry, 170, S. 205–228.

HEGEDÜS, A.; KOZEL, B.; SEBOS, L.; BEHRENS, J.; ABDERHALDEN, A. (2013): Brücken bauen. Entlassungs- und Überleitungsmanagement. In: Psych Pflege, 19, S. 99–103.

HEMKENDREIS, B.; HASSLINGER, V. (2014): Ambulante Psychiatrische Pflege. Köln.

HÜBNER-LIEBERMANN, B.; SPIESSL, H.; CORDING, C. (2001): Patientensuizide in einer psychiatrischen Klinik. In: Psychiatrische Praxis, 28, S. 330–334.

HUFFORD, M.R. (2001): Alcohol and suicidal behavior. Clinical Psychology Review, 21, S. 797–811.

INSKIP, H.M.; HARRIS, C.; BARRACLOUGH, B. (1998): Lifetime risk of suicide for affective disorder, alcoholism and schizophrenia. In: British Journal of Psychiatry, 172, S. 35–37.

IVANOFF, A.; JANG, S.J.; SMYTH, N.F; LINEHAN, M.M. (1994): Fewer reasons for staying alive when you are thinking of killing yourself: The Brief Reasons for Living Inventory. In: Journal of Psychopathology and Behavioral Assessment, 16, S. 1–13.

JACOB, G.; LIEB, K.; BERGNER, M. (2009): Schwierige Gesprächssituationen in der Psychiatrie und Psychotherapie. München.

JENKINS, G.R.; HALE, R.; PAPANASTASSIOU, M.; CRAWFORD, M.J.; TYRER, P. (2002): Suicide rate 22 years after parasuicide: cohort study. In: BMJ, 325, S. 1155.

JOBES, D.A. (2006): Managing suicidal risk. A collaborative approach. New York.

JOBES, D.A.; JACOBY, A.M.; CIMBOLIC, P.; HUSTEAD, L.A.T. (1997): Assessment and treatment of suicidal clients in a university counseling center. In: Journal of Counseling Psychology, 44, S. 368–377.

JONES, M. (1956): The concept of a therapeutic community. In: American Journal of Psychiatry, 112, S. 647–650.

KABAT-ZINN, J. (2004): Achtsamkeitsbasierte Interventionen im Kontext: Vergangenheit, Gegenwart und Zukunft. In: HEIDENREICH, T.; MICHALAK, J. (Hg.): Achtsamkeit und Akzeptanz in der Psychotherapie. Ein Handbuch. Tübingen, S. 104–116.

KAPUSTA, N. (2011): Aktuelle Daten und Fakten zur Zahl der Suizide in Österreich 2010. Bericht. , Online-Zugriff 24.06.2014.

KLEINPELL, R.; GAWLINSKI, A. (2005): Assessing outcomes in advanced practice nursing practice. The use of quality indicators and evidence-based practice. In: AACN Advanced Critical Care, 16, S. 43–57.

KOWALCHUK, B.; KING, J.D. (1988): Life orientation inventory: a method of assessing suicide risk. Austin.

KOZEL, B. (2013): Non-Suizidverträge – Eine wirksame Intervention zur Suizidprävention? In: HAHN, S.; SCHULZ, M.; SCHOPPMANN, S.; NEEDHAM, I.; STEFAN, H.; HEGEDÜS, A.; FINKLENBURG U. (Hg.): »Blick zurück und nach vorn.« Zurückgehen, um besser springen zu können. 10 Jahre Praxis, Management, Ausbildung und Forschung. Bern, S. 172–178.

KOZEL, B.; GRIESER, M.; RIEDER, P.; SEIFRITZ, E.; ABDERHALDEN, C. (2007): Nurses' Global Assessment of Suicide Risk – Skala (NGASR): Die Interrater-Reliabilität eines Instrumentes zur systematisierten pflegerischen Einschätzung der Suizidalität. In: Zeitschrift für Pflegewissenschaft und psychische Gesundheit, 1, S. 17–26.

KRAMPEN, G. (1994): Skalen zur Erfassung von Hoffnungslosigkeit (H-Skalen). Deutsche Bearbeitung und Weiterentwicklung der H-Skalen von Aron T. Beck. Handanweisung. Göttingen.

KREMER, G.; SCHULZ, M. (2012): Basiswissen: Motivierende Gesprächsführung in der Psychiatrie. Bonn.

LARGE, M.; SMITH, G.; SHARMA, S.; NIELSSEN, O.; SINGH, S.P. (2011): Systematic review and meta-analysis of the clinical factors associated with the suicide of psychiatric in-patients. In: Acta Psychiatrica Scandinavica, 124, S. 1–12.

LEIHENER, F. (2012): Dialektisch-Behaviorale Therapie. DBT Basis-I. Handout. Unveröffentlicht.

LEONI-SCHEIBER, C. (2004): Der angewandte Pflegeprozess. Wien.
LEWINSOHN, P.; LANGHINRICHSEN-ROHLING, J.; LANGFORD, R.; ROHDE, P.; SEELEY, J.; CHAPMAN, J. (1996): The life attitudes schedule: A scale to assess adolescent life-enhancing and life-threatening behaviors. In: Suicide and Life-Threatening Behavior, 25, S. 458–488.
LINK, A.; TILLY, C. (2009): »Ich wollte sterben« – Erfahrungen mit eigener Suizidalität. In: Suizidprophylaxe, 36, S. 1–3.
LÖHR, M.; SCHULZ, M.; HEMKENDREIS, B.; BJÖRKDAHL, A.; NIENABER, A. (2013): Deutsche Übersetzung der Suicidal Patient Obseravation Chart (SPOC) – ein Instrument für die Praxis. In: Pflege, 26, S. 401–409.
LYONS, C.; PRICE, P.; EMBLING, S.; SMITH, C. (2000): Suicide risk assessment: a review of procedures. In: Accident and Emergency Nursing, 8, S. 178–186.
MADSEN, T.; AGERBO, E.; MORTENSEN, P.B.; NORDENTOFT, M. (2012): Predictors of psychiatric inpatient suicide: a national prospective register-bases study. In: Journal of Clinical Psychiatry, 73, S. 144–151.
MALONE, K.M.; OQUENDO, M.A.; HAAS, G.L.; ELLIS, S.P.; LI, S.; MANN, J.J. (2000): Protective factors against suicidal acts in major depression: reasons for living. In: American Journal of Psychiatry, 157, S. 1084–1088.
MANN, J.J.; APTER, A.; BERTOLOTE, J.; BEAUTRAIS, A.; CURRIER, D.; HAAS, A.; Hegerl, U. u.a. (2005): Suicide prevention strategies. A systematic review. In: JAMA, 294, S. 2064–2074.
MARIS, R.W.; BERMAN, A.L.; SILVERMAN, M.M. (2000): Comprehensive Textbook of Suicidology. New York.
MARSCHNER, R. (2009): Rechtliche Grundlagen für die Arbeit in psychiatrischen Einrichtungen. Bonn.
MCCLOSKEY DOCHTERMANN, J.C.; BULECHEK, G.M. (2004): Nursing Interventions Classification (NIC). St. Louis.
MCCONNELL LEWIS, L. (2007): No-harm contracts: a review of what we know. In: Suicide and Life-Threatening Behavior, 37, S. 50–57.
MCLEAN, J.; MAXWELL, M.; PLATT, S.; HARRIS, F.; JEPSON, R. (2008): Risk and protective factors for suicide and suicidal behaviour: a literature review. , Online-Zugriff 24.06.2014.

McMillan, D.; Gilbody, S.; Beresford, E.; Neilly, L. (2007): Can we predict suicide and non-fatal self-harm with the Beck Hopelessness Scale? A meta-analysis. Psychological Medicine, 37, S. 769–778.

McPherson, A. (2005): An overview of the assessment tools available to mental health professionals to help determine patients at risk of suicide. In: International Journal of Psychiatric Nursing Research, 10, S. 1129–1142.

Michel, K. (2002): Der Arzt und der suizidale Patient. Teil 2: Praktische Aspekte. Schweizerisches Medizin Forum, 31, S. 730–734.

Michel, K. (2004): Depression ist eine Krankheit, Suizid eine Handlung. In: Existenzanalyse, 2, S. 58–62.

Michel, K. (2010): The therapeutic alliance: basic considerations. In: Michel, K.; Jobes, D.A. (Hg.): Building a therapeutic alliance with the suicidal patient. Washington, S. 13–28.

Michel, K.; Jobes, D.A. (2010): Building a therapeutic alliance with the suicidal patient. Washington.

Michel, K.; Valach, L. (1997): Suicide as a goal-directed behaviour. In: Archives of Suicide Research, 3, S. 213–221.

Michel, K.; Valach, L. (2010): The narrative interview with the suicidal patient. In: Michel, K.; Jobes, D.A. (Hg.): Building a therapeutic alliance with the suicidal patient. Washington: American Psychological Association, S. 63–81.

Michel, K.; Dey, P.; Stadler, K.; Valach, L. (2004): Therapist sensitivity towards emotional life career issues and the working alliance with suicide attempters. In: Archives of Suicide Research, 8, S. 203–213.

Michel, K.; Maltsberger, J.T.; Jobes, D.A.; Leenaars, A.A.; Orbach, I.; Stadler, K.; Dey, P.; Young, R.A.; Valach, L. (2002): Discovering the truth in attempted suicide. In: American Journal of Psychiatry, 56, S. 424–437.

Miller, I.W.; Norman, W.H.; Bishop, S.B.; Dow, M.G. (1986): The modified scale for suicide ideation: reliability and validity. In: Journal of Consulting and Clinical Psychology, 54, S. 724–725.

Miller, M.C.; Jacobs, D.G.; Gutheil, T.G. (1998): Talisman or taboo: the controversy of the suicide-prevention contract. In: Harvard Review of Psychiatry, 6, S. 78–87.

Moorhead, S.; Johnson, M.; Maas, M.L.; Swanson, E. (2013): Pflegeergebnisklassifikation (NOC). Bern.

Motto, J.A.; Bostrom, A.G. (2001): A randomized controlled trial of postcrisis suicide prevention. In: Psychiatric Services, 52, S. 828–833.

Muheim, F.; Eichhorn, M.; Berger, P.; Czernin, S.; Stoppe, G.; Keck, M.; Riecher-Rössler, A. (2013): Suicide attempts in the county of Basel: results of the WHO/EURO Multicentre Study on suicidal behaviour. In: Swiss Medical Weekly, 143, S. 1–15.

NANDA – North American Nursing Diagnosis Association International (2005): NANDA-Pflegediagnosen. Definition und Klassifikation 2005–2006. Bern.

Narr, X.; Kozel, B.; Abderhalden, C. (2010): Der Einsatz von Non-Suizidverträgen in der psychiatrischen Pflege. In: Hahn, S.; Schulz, M.; Schoppmann, S.; Abderhalden, C.; Stefan, H.; Needham, I. (Hg.): »Depressivität und Suizidalität«. Prävention – Früherkennung, Pflegeintervention – Selbsthilfe. Vorträge und Posterpräsentationen, 7. Dreiländerkongress Pflege in der Psychiatrie in Bielefeld. Unterostendorf, S. 204–210.

Neeleman, J. (2001): A continuum of premature death. Meta-analysis of competing mortality in the psychosocially vulnerable. In: International Journal of Epidemiology, 30, S. 154–162.

Neuner, T.; Schmid, R.; Wolfersdorf, M.; Spiessl, H. (2008): Predicting inpatient suicides and suicide attempts by using clinical routine data? In: General Hospital Psychiatry, 30, S. 324–330.

Niederkrotenthaler, T.; Voracek, M.; Herberth, A.; Benedikt, T.; Strauss, M.; Etzersdorfer, E.; Eisenwort, B.; Sonneck, G. (2010): Role of media reports in completed and prevented suicide: werther v. papageno effects. In: British Journal of Psychiatry, 197, S. 234–243.

Nienaber, A.; Schulz, M.; Hemkendreis, B.; Löhr, M. (2013): Die intensive Überwachung von Patienten in der stationären psychiatrischen Akutversorgung. Eine systematische Literaturübersicht. In: Psychiatrische Praxis, 40, S. 14–20.

Nordentoft, M.; Mortensen, P.B.; Pedersen, C.B. (2011): Absolute risk of suicide after first hospital contact in mental disorder. In: Archives in General Psychiatry, 68, S. 1058–1064.

Orbach, I. (2012): Psychischer Schmerz, schmerzerzeugende Konstrukte, der suizidale Körper und der Suizid. In: Briggs, S.; Lemma, A.; Crouch, W. (Hg.): Suizid und Suizidalität. Psychoanalytische Behandlung, Prävention und Therapie. Frankfurt a. M., S. 136–154.

Patterson, W.M.; Dohn, H.H.; Bird, J.; Patterson, G.A. (1983): Evaluation of suicidal patients: the SAD persons scale. In: Psychosomatics, 24, S. 343– 349.

Petermann, F.; Nitkowski, D. (2008): Selbstverletzendes Verhalten. Erscheinungsformen, Risikofaktoren und Verlauf. In: Der Nervenarzt, 9, S. 1017–1022.

Phillips, D.P. (1974): The influence of suggestion on suicide: substantive and theoretical implications of the Werther effect. In: American Sociological Review, 39, S. 340–354.

Pöldinger, W. (1968): Die Abschätzung der Suizidalität. Bern.

Qin, P.; Agerbo, E.; Mortensen, P.B. (2003): Suicide risk in relation to socioeconomic, demographic, psychiatric, and familial factors: a national register-based study of all suicides in Denmark, 1981–1997. In: American Journal of Psychiatry, 160, S. 765–772.

Qin, P.; Nordentoft, M. (2005): Suicide risk in relation to psychiatric hospitalization. Evidence based on longitudinal registers. In: Archives of General Psychiatry, 62, S. 427–432.

Range, L.M. (2005): The family of instruments that assess suicide risk. In: Journal of Psychopathology and Behavioral Assessment, 27, S. 133–140.

Range, L.M.; Knott, E.C. (1997): Twenty suicide assessment instruments: evaluation and recommendations. In: Death Studies, 21, S. 25–58.

Registered Nurses' Association of Ontario (2009): Assessment and care of adults at risk for suicidal ideation and behaviour. Nursing best practice guideline. http://www.guideline.gov/content.aspx?id=15615, Online-Zugriff 14.06.2014.

Reisch, T. (2012): Wo kann Suizidprävention ansetzen? Vorschlag eines 6-Phasen-Modells suizidaler Krisen. In: Psychiatrische Praxis, 39, S. 257–258.

Reisch, T.; Seifritz, E.; Esposito, F.; Wiest, R.; Valach, L.; Michel, K. (2010): An fMRI study on mental pain and suicidal behavior. In: Journal of Affective Disorders, 126, S. 321–325.

Reutfors, J.; Brandt, L.; Ekbom, A.; Isacsson, G.; Sparén, P.; Ösby, U. (2010): Suicide and hospitalization for mental disorders in Sweden: a population-based case-control study. In: Journal of Psychiatric Research, 44, S. 741–747.

Rogers, J.; Lewis, M.; Subich, L. (2002): Validity of the suicide assessment checklist in an emergency crisis center. In: Journal of Counseling and Development, 80, S. 493–502.

Rudd, M.D. (1989): The prevalence of suicidal ideation among college students. Suicide and Life-Threatening Behavior, 19, S. 173–183.

Rudd, M.D. (2000): The suicidal mode: a cognitive-behavioral model of suicidality. In: Suicide and Life-Threatening Behavior, 30, S. 18–33.

Rudd, M.D. (2006a): The assessment and management of suicidality. Sarasota.

Rudd, M.D. (2006b): Suicide warning signs in clinical practice. In: Current Psychiatry Reports, 10, S. 87–90.

Rudd, M.D.; Joiner, T.; Hasan Rajab, M. (2001): Treating suicidal behaviour. An effective, time-limited approach. New York.

Rudd, M.D.; Mandrusiak, M.; Joiner Jr., T.E. (2006): The case against no-suicide contracts: the commitment to treatment statement as a practice alternative. In: Journal of Clinical Psychology, 62, S. 243–251.

Runeson, B.; Tidemalm, D.; Dahlin, M.; Lichtenstein, P.; Langström, N. (2010): Method of attempted suicide as a predictor of subsequent successful suicide: national long term cohort study. In: BMJ, 340, S. 1–6.

Sauter, D. (2011): Grundlagen der Psychiatrie. In: Sauter, D.; Abderhalden, C.; Needham, I.; Wolff, S. (Hg.): Lehrbuch psychiatrische Pflege. Bern, S. 82–109.

Schädle-Deininger, H.; Villinger, U. (1996): Praktische Psychiatrische Pflege. Arbeitshilfen für den Alltag. Bonn.

Schmidtke, A.; Häfner, H. (1988): The werther effect after television films: new evidence for an old hypothesis. In: Psychological Medicine, 18, S. 665–676.

Schmidtke, A.; Sell, R., Löhr, C. (2008): Epidemiologie von Suiziden im Alter. In: Zeitschrift für Gerontologie und Geriatrie, 41, S. 3–13.

SEAGER, M. (2012): Psychische Sicherheit: ein Konzept, das in der Suizidprävention fehlt. In: BRIGGS, S.; LEMMA, A.; CROUCH, W. (Hg.): Suizid und Suizidalität. Psychoanalytische Behandlung, Prävention und Therapie. Frankfurt a.M., S. 325–346.

SENDERA, A.; SENDERA, M. (2007): Skills-Training bei Borderline- und Posttraumatischer Belastungsstörung. Wien.

SHER, L. (2006): Alcoholism and suicidal behaviour: a clinical overview. In: Acta Psychiatrica Scandinavica, 113, S. 13–22.

SHER, L. (2011): Is it possible to predict suicide? In: The Australian and New Zealand Journal of Psychiatry, 45, S. 341.

SHNEIDMAN, E.S. (1993): Suicide as psychache. In: Journal of Nervous and Mental Disease, 181, S. 147–149.

SONNECK, G. (2000): Krisenintervention und Suizidverhütung. Wien.

STACK, S. (1990): Audience receptiveness, the media, and aged suicide, 1968–1990. In: Journal of Aging Studies, 4, S. 195–209.

STANLEY, B.; BROWN, G.K. (2008): The safety plan treatment manual to reduce suicide risk: veteran version. Washington D.C.

STANLEY, B.; BROWN, G.K. (2012): Safety planning intervention: a brief intervention to mitigate suicide risk. In: Cognitive and Behavioral Practice, 19, S. 256–264.

Statistisches Bundesamt (2011): Gesundheit. Todesursachen in Deutschland 2010. Fachserie 12, Reihe 4. Wiesbaden.

Statistisches Bundesamt (2013): Gesundheit. Todesursachen in Deutschland 2012. Fachserie 12, Reihe 4. Wiesbaden.

STAVEMANN, H.H. (2003): Sokratische Gesprächsführung in Therapie und Beratung. Weinheim.

STEFAN, H.; ALLMER, F.; EBERL, J.; HANSMANN, R.; JEDELSKY, E; MICHALEK, A.; PANDZIC, R.; SCHALEK, K.; TOMACEK, D. (2009): POP®. Praxisorientierte Pflegediagnostik. Pflegediagnosen – Ziele – Maßnahmen. Wien.

STEFFEN, T.; MAILLART, A.; MICHEL, K.; REISCH, T. (2011): Monitoring des suizidalen Verhaltens in der Agglomeration Bern der Jahre 2004 bis 2010 im Rahmen der WHO/MONSUE Multicenter Study on Suicidal Behaviour und des Berner Bündnisses gegen Depression. Abschlussbericht. , Online-Zugriff 24.06.2014.

STIEGLITZ, R.-D. (2007): Screening. In: Psychotherapie – Psychosomatik – Medizinische Psychologie, 57, S. 178–189.

Suominen, K.; Isometsä, E.; Suokas, J.; Haukka, J.; Achte, K.; Lönnqvist, J. (2004): Completed suicide after a suicide attempt: a 37-year follow-up study. In: American Journal of Psychiatry, 161, S. 563–564.

Tidemalm, D.; Langström, N.; Lichtenstein, P.; Runeson, B. (2008): Risk of suicide after suicide attempt according to coexisting psychiatric disorder: Swedish cohort study with long term follow-up. In: BMJ, 337, S. 1–6.

Victorian Department of Health (2010): Working with the suicidal person. Clinical practice guidelines for emergency departments and mental health services. , Online-Zugriff 24.06.2014.

Voracek, M.; Loibl, L.M. (2007): Genetics of suicide: a systematic review of twin studies. In: Wiener Klinische Wochenschrift, 119, S. 463– 475.

Weiner, J.; Richmond, T.S.; Conigliaro, J.; Wiebe, D.J. (2011): Military veteran mortality following a survived suicide attempt. In: BMC Public Health, 11, S. 1–9.

Wenzel, A.; Brown, G.K.; Beck, A.T. (2009): Cognitive therapy for suicidal patients. Scientific and clinical applications. Washington.

Wetterling, T; Schneider, B. (2013): Alkoholintoxikation und akute Suizidalität. In: Psychiatrische Praxis, 40, S. 259–263.

WHO – World Health Organization (2011a): Suicide prevention (SUPRE). , Online-Zugriff 24.06.2014.

WHO – World Health Organization (2011b): Suicide Prevention and special programmes. Country reports and charts available., Stand 13.10.2011.

Wilken, B. (2008): Methoden der kognitiven Umstrukturierung. Ein Leitfaden für die psychotherapeutische Praxis. Stuttgart.

Willemsen, R. (2007): Der Selbstmord. Briefe, Manifeste, literarische Texte. Frankfurt.

Wingate, L.; Joiner, T.E.; Walker, R.L.; Rudd, M.D.; Jobes, D.A. (2004): Empirically informed approaches to topics in suicide risk assessment. In: Behavioral Sciences and the Law, 22, S. 651–665.

Woike, J.K. (2003): Screening. In: Kubinger, K.D.; Jäger, R.S. (Hg.): Schlüsselbegriffe der psychologischen Diagnostik. Weinheim, S. 375–377.

Wolfersdorf, M. (2008): Suizidalität. In: Der Nervenarzt, 79, S. 1319–1336.

Wolfersdorf, M. (2012): Suizidprävention im psychiatrischen Krankenhaus. In: Psych Pflege, 18, S. 262–267.

Wolfersdorf, M.; Abderhalden, C. (2012): »Ist da was schief gelaufen?« In: Psych Pflege, S. 62–63.

Wolfersdorf, M.; Etzersdorfer, E. (2011): Suizid und Suizidprävention. Stuttgart.

Wolfersdorf, W.; Keller, F.; Vogl, R.; Vogel, R. (2003): Zunahmen von Patientensuiziden an bayerischen bzw. Baden-württembergischen Fachkrankenhäusern für Psychiatrie und Psychotherapie? In: Psychiatrische Praxis, 30, S. 181–182.

Zerler, H. (2010): Motivierende Gesprächsführung und Suizidalität. In: Arkowitz, H.; Westra, H.A.; Miller, W.R.; Rollnick, S. (Hg.): Motivierende Gesprächsführung bei der Behandlung psychischer Störungen. Weinheim, S. 183–205.

Ziegler, W.; Hegerl, U. (2002): Der Werther-Effekt. Bedeutung, Mechanismen, Konsequenzen. In: Der Nervenarzt, 73, S. 41–49.

Zubin, J.; Spring, B. (1977): Vulnerability – A new view of schizophrenia. In: Journal of Abnormal Psychology, 86, 103–126.

Anhang

Organisationen

IPSILON – Initiative zur Prävention von Suizid in der Schweiz: www.ipsilon.ch

DGS – Deutsche Gesellschaft für Suizidprävention: www.suizidprophylaxe.de

ÖGS – Österreichische Gesellschaft für Suizidprävention: www.suizidpraevention.at

IASP – International Association for Suicide Prevention: www.iasp.info

Nationales Suizidpräventionsprogramm für Deutschland: www.suizidpraevention-deutschland.de

AAS – American Association of Suicidology: www.suicidology.org/home

Zeitschriften

Crisis – The Journal of Crisis Intervention and Suicide Prevention
Suizidprophylaxe – Zeitschrift der Deutschen Gesellschaft für Suizidprävention

Suicide and Life Threatening Behavior – Journal of the American Association of Suicidology (AAS)

Archives of Suicide Research – Official Journal of the International Academy of Suicide Research

Suicidology Online: www.suicidology-online.com

Webseiten

Fachinformationen

Homepage von Dr. Wolfram Dorrmann: www.krisen-intervention.de

Homepage der Aeschi Working Group:
www.aeschiconference.unibe.ch

Wiener Werkstätte für Suizidforschung: www.suizidforschung.at

Suicide Research Group, Medical University of Vienna:
www.meduniwien.ac.at/suicideresearch

Forum für Suizidprävention und Suizidforschung Zürich:
http://fssz.ch

Hilfeangebote

AGUS, Angehörige um Suizid: www.agus-selbsthilfe.de

Suizid-Netz Aargau: www.suizid-netz-aargau.ch

Sorgentelefon »Die dargebotene Hand«: www.143.ch

Refugium – Verein für Hinterbliebene nach Suizid:
www.verein-refugium.ch

Nebelmeer – Perspektiven nach dem Suizid eines Elternteils:
www.nebelmeer.net

Internet-Seelsorge: www.seelsorge.net

Reihe BASISWISSEN:

Die Basiswissen-Bücher bieten fundierte thematische Einführungen in psychiatrische Diagnosen und Berufsfelder. Sie geben einen schnellen und gezielten Überblick über den Umgang mit bestimmten Klientengruppen und die besonderen Herausforderungen des Arbeitsalltags. Daher ist die Reihe Basiswissen gut geeignet für Berufsanfänger, Quereinsteiger, aber auch für langjährig psychiatrisch Tätige, die ihr Wissen auf den neuesten Stand bringen möchten. Titel:

Thomas Bock: **Umgang mit psychotischen Patienten** | Burkhart Brückner: **Geschichte der Psychiatrie** | Astrid Delcamp: **Kontakt- und Begegnungsstätten für psychisch erkrankte Menschen** | Michael Eink, Horst Haltenhof: **Umgang mit suizidgefährdeten Menschen** | Jens Gräbener: **Umgang mit traumatisierten Patienten** | Christiane Haerlin: **Berufliche Beratung psychisch Kranker** | Andreas Knuf: **Empowerment in der psychiatrischen Arbeit** | Georg Kremer, Michael Schulz: **Motivierende Gesprächsführung in der Psychiatrie** | Malika Laabdallaoui, Ibrahim Rüschoff: **Umgang mit muslimischen Patienten** | Albert Lenz: **Psychisch kranke Eltern und ihre Kinder** | Angela Mahnkopf: **Umgang mit depressiven Patienten** | Ewald Rahn: **Umgang mit Borderline-Patienten** | Manuel Rupp: **Psychiatrische Krisenintervention** | Hilde Schädle-Deininger: **Psychiatrische Pflege** | Cornelia Schaumburg: **Maßregelvollzug** | Gunda Schlichte: **Betreutes Wohnen** | Günther Schwarz: **Umgang mit demenzkranken Menschen** | Tilman Steinert: **Umgang mit Gewalt in der Psychiatrie** | Monika Stich: **Patientengruppen erfolgreich leiten** | Larissa Wolkenstein, Martin Hautzinger: **Umgang mit bipolaren Patienten**

Jeder Band ca. 140–160 Seiten.
Mehr Informationen unter www.psychiatrie-verlag.de